A linguagem
da empatia

Dados Internacionais de Catalogação na Publicação (CIP)
(Câmara Brasileira do Livro, SP, Brasil)

Azrak, Dina
A linguagem da empatia: métodos simples e eficazes para lidar com seu filho / Dina Azrak. São Paulo: Summus, 2010.

ISBN 978-85-323-0652-4

1. Papel dos pais 2. Pais e filhos 3. Criação de crianças I. Título.

09-12439 CDD-649.1

Índice para catálogo sistemático:
1. Pais e filhos: Educação familiar 649.1

Compre em lugar de fotocopiar.
Cada real que você dá por um livro recompensa seus autores
e os convida a produzir mais sobre o tema;
incentiva seus editores a encomendar, traduzir e publicar
outras obras sobre o assunto;
e paga aos livreiros por estocar e levar até você livros
para a sua informação e o seu entretenimento.
Cada real que você dá pela fotocópia não autorizada de um livro
financia um crime
e ajuda a matar a produção intelectual de seu país.

A linguagem da empatia

Métodos simples e eficazes para lidar com seu filho

....

DINA AZRAK

summus
editorial

A LINGUAGEM DA EMPATIA
métodos simples e eficazes para lidar com seu filho
Copyright © 2010 by Dina Azrak
Direitos desta edição reservados para Summus Editorial

Editora executiva: **Soraia Bini Cury**
Editoras assistentes: **Andressa Bezerra e Bibiana Leme**
Capa, projeto gráfico e diagramação: **Gabrielly Silva/Origem Design**
Ilustração da capa: **Martine Lemmens/sxc.hu**

1ª reimpressão

Summus Editorial

Departamento editorial:
Rua Itapicuru, 613 – 7º andar
05006-000 – São Paulo – SP
Fone: (11) 3872-3322
Fax: (11) 3872-7476
http://www.summus.com.br
e-mail: summus@summus.com.br

Atendimento ao consumidor:
Summus Editorial
Fone: (11) 3865-9890

Vendas por atacado:
Fone: (11) 3873-8638
Fax: (11) 3873-7085
e-mail: vendas@summus.com.br

Impresso no Brasil

Àqueles que se esforçam para educar seus filhos com atitudes e palavras de amor e respeito.

AGRADECIMENTOS

Àquele que me presenteia com a vida, a família e os amigos que me apoiam.

Aos que participaram diretamente da elaboração deste livro: Adri Dayan, Elizabeth Wajnryt, Ita Liberman, Mário Iuguetti e Soraia Bini Cury.

Aos pais e mães amorosos e responsáveis que fizeram conosco os cursos "Como falar para seu filho ouvir" e "Irmãos sem rivalidade".

SUMÁRIO

Apresentação » 11

1. Empatia » 13
2. Morda a língua » 29
3. Castigo, não! Resolvendo conflitos de forma pacífica » 41
4. O papel dos elogios e algumas alternativas à critica » 53
5. Autonomia » 65
6. Rótulos » 85

Dicas práticas para quando você não sabe mais o que fazer » 99

Leituras recomendadas » 103

APRESENTAÇÃO

Educar os filhos nunca foi tarefa tão desafiadora como nos dias de hoje. O ritmo da vida, o excesso de trabalho, o estresse, a pouca convivência e a falta de apoio de familiares e amigos, a árdua luta diária para prover as necessidades materiais levam aos pais sentimentos de incerteza e receio. Somando os incessantes desejos e as necessidades dos filhos, muitas vezes os pais reconhecem os benefícios da ajuda especializada e procuram desenvolver recursos que facilitam seu dia a dia com as crianças.

Por outro lado, hoje são bem conhecidas as diretrizes para um bom convívio entre pais e filhos e não são mais mistério os recursos e as habilidades que levam ao desenvolvimento de uma família feliz. Com eles, pode-se criar um ambiente onde cada pessoa pode se desenvolver e desfrutar a vida em família.

Certamente, há atitudes positivas, falas que aproximam emocionalmente e constroem autoestima positiva e realista. E o melhor de tudo é que podem ser aprendidas.

Minhas colegas e eu pesquisamos métodos eficientes e rápidos para habilitar os pais a se relacionarem com os filhos. Nossa busca nos levou ao contato com Adele Faber e Elaine Mazlish, autoras mundialmente conhecidas na arte e ciência da comunicação com crianças e adolescentes. Aprender com elas continua sendo um privilégio e um prazer. Foi com muita alegria que adaptamos suas ideias para o público brasileiro, e este livro se baseia em nossa experiência em workshops de orientação de pais.

Espero que a leitura deste livro, junto com o seu saber e sua sensibilidade, levem-no a novas descobertas sobre como se relacionar com seu filho. Que o amor e o respeito sempre estejam presentes e se traduzam em palavras e ações nos momentos de prazer – e também nos esperados impasses da vida diária.

DINA AZRAK

1 EMPATIA

> *Não seja pai ou mãe, seja um ser humano que se tornou pai ou mãe.*
> **Haim Ginott**

"Puxa, como estou atrasada! Coitada da Marina, me esperando até agora... E que vergonha da professora: 'A mãe da Marina esqueceu da filha de novo?' Ah, se ela soubesse do meu dia... E esse trânsito? Sem contar que quando eu chegar em casa terei de fazer o jantar e conferir a lição do Rafael. Se pelo menos o César me ajudasse um pouco. Sobra tudo para a mãe aqui. A CHATA!"

Entre um devaneio e outro, Alice chega à escola

— Puxa, esqueceu da sua filha, é? – pergunta a professora.

Entre raivosa e envergonhada, Alice diz:

— Desculpa... mais uma vez fiquei presa no trabalho. Vem, Má, vamos para casa.

No carro, Alice vê pelo retrovisor que a filha está com o cenho franzido, brava mesmo. "Ai, esse gênio! Puxou ao pai…"

— Poxa, Marina, não vai dar nem um sorrisinho para a mamãe?

A menina cruza os braços, enfezada.

— Então você acha que a mamãe se atrasou de propósito, né? Deveria se sentir grata por eu vir buscá-la depois desse dia de cão. Pode parar com essa braveza.

— Estou com calor.

— Não tire a blusa porque está frio.

— Mãe, hoje o Pedro me empurrou e eu não fiz nada para ele, e eu caí e…

— Marina, você é bem maior que o Pedro. Você deve ter feito alguma coisa para provocar…

— Ah, você não entende nada mesmo. Eu te odeio!

Nesse momento, mãe e filha estão descendo do carro. Alice não consegue se conter e pega a menina pelo braço, com força:

— Olha aqui, Marina, se você acha que eu vou aguentar os seus desaforos, está muito enganada. Você não sabe o duro que eu dou para te sustentar, e a última coisa que eu mereço é essa sua raiva.

★

Essa cena deve ser bastante familiar para você que me lê. Cansada depois de uma jornada de trabalho exaustiva, tem ainda de cumprir a tarefa de ser mãe. Alice acredita que só amor e bom senso bastam na educação dos filhos. Será?

A linguagem da empatia

Em caso afirmativo, por que essa profissional bem-sucedida, que se impõe em reuniões empresariais, ficou sem argumentos diante da filha de 6 anos?

Assim como você, Alice lida o dia inteiro com situações em que precisa ouvir opiniões e expor ideias. Como é que alguém acostumada a dialogar e negociar pode ser "derrotada" por uma criança tão pequena? Por que as conversas com os filhos quase sempre se transformam em discussões?

Vamos inverter os papéis por um minuto. Ponha-se no lugar da Marina, filha da Alice. Sua mãe está atrasada. Você está cansada, angustiada com a demora, envergonhada porque a professora está lá só por sua causa, com fome e sono. O que estaria sentindo?

Os filhos são seres humanos e também sentem. De braços cruzados e emburrada, a pequena Marina estava tentando dizer à mãe como se sentia. Aposto que, se você fez o exercício de inverter os papéis, agora entende o comportamento da menina. Especialmente porque Alice, além de não perceber o descontentamento da filha, ainda a chamou de ingrata.

Nesses anos todos em que atendi famílias em meu consultório, constatei que está faltando aos pais o dom de escutar os filhos. Falta ouvido e sobra língua, pois eles acabam disparando uma fala automática inútil na tentativa de desmerecer os sentimentos de seus filhos. Os únicos resultados são as discussões e o distanciamento emocional.

Porém é realmente difícil, mesmo para uma mãe dedicada e amorosa como Alice, não se deixar influenciar pelas duras penas do dia a dia e começar um diálogo nada eficaz e pouco delicado com a filha. A queixa que ouço mais frequentemente é: "Dina, estou estressada. Sobra pouco tempo para me dedicar aos meus filhos e, quando conversamos, parece que estamos num cabo de guerra. E sempre saio desgastada".

Não é possível descomprimir o tempo, mas podemos aprender um novo "idioma", mais efetivo, para melhorar a saúde emocional da família. Quem cunhou essa nova "linguagem" foi o genial dr. Haim Ginott, terapeuta infantil e educador cujos livros revolucionaram o relacionamento entre pais e filhos.

Vamos chamar essa linguagem de "criancês". Sua sintaxe é simples: baseia-se apenas em comunicar-se com as crianças de maneira atenciosa, protegendo seus sentimentos, evitando as avaliações e os julgamentos. Ao longo da leitura, você perceberá que o mais difícil não será aprender o idioma novo, e sim desaprender a língua "natal".

Suponhamos que Alice conhecesse o "criancês" e dissesse outra coisa, como: "Puxa, estou vendo uma menina bem zangada no banco de trás".

Com essa frase, a mãe muda o foco da discussão e capta os sentimentos da filha. Marina pode sentir que "a mamãe me entendeu". Abre-se um canal de sintonia afetiva entre elas. Apenas percebendo o que a criança está sentindo, alteramos todo o desenlace da cena. O diálogo prosseguiria assim:

— Estou muito, muito brava!

— Hummm...

Essa interjeição reconhece o sentimento da criança em

vez de negá-lo. A filha sente que a mãe está se importando com ela. Fica bem mais fácil para ela explorar o sentimento que vivencia.

— Você demorou! Fiquei com medo que você não viesse me buscar mais.

— Má, eu lhe garanto que você não ia dormir na escola.

Provavelmente, Marina poderia sorrir para sua mãe agora.

O que aconteceu? Desligou-se o antigo padrão de linguagem, e Alice passou a utilizar o bê-á-bá do "criancês": a **empatia**, habilidade fundadora da nossa nova língua. Agora a mãe está sentindo com sua filha. Ela mostra importar-se com os seus sentimentos, o que provoca uma aproximação emocional. A empatia é uma atitude eficiente para harmonizar a comunicação entre pais e filhos.

Como qualquer idioma estrangeiro, aprender o "criancês" requer treino. Só adquirimos fluência numa nova língua com a prática. Os filhos sempre criam novas situações. Portanto, numa próxima oportunidade, não brinque de cabo de guerra: pratique o idioma recém-aprendido seguindo o bê-á-bá da empatia:

» Ouça seu filho com toda a atenção. Falar para um pai desatento é desencorajador. E, muitas vezes, a criança só precisa de um silêncio acolhedor.
» Compreenda os sentimentos do seu filho. Em vez de fazer perguntas e oferecer conselhos que julgam, reconheça o que ele está sentindo com uma palavra: "Oh…", "Hum…", "Sei…"

» Dê nome aos sentimentos da criança. É confortante para ela saber que alguém reconheceu o que está vivenciando: "Isso deve deixar você com raiva mesmo".
» Realize os desejos da criança brincando com a fantasia. Se não puder atender aos desejos do seu filho, não explique com tanta lógica: "Qual super-herói você gostaria de ser para nos tirar desse trânsito?"

Sendo bastante sincera, as primeiras vezes em que você utilizar o novo idioma serão bem estranhas. Ele parecerá artificial. É normal, afinal, você já se acostumou àquela fala automática. No entanto, não desanime. Tenho plena confiança de que, com apenas essas simples – mas poderosas – dicas, a comunicação entre você e seus filhos será bem mais construtiva.

Você deve estar se perguntando: por que é tão importante reconhecer os sentimentos dos filhos? Porque, assim como os adultos, as crianças ficam chateadas com diversas coisas e simplesmente querem contar com ouvidos atentos. Em muitas situações, ouvir é bem melhor que simplesmente responder ou perguntar o que aconteceu. Quando estamos magoados, a última coisa que queremos é ouvir conselhos. Psicologia ou piedade, então, só pioram as coisas. Em síntese, basta reconhecer os sentimentos do outro para abrir um canal direto com seu coração. Aliás, mais importante do que as próprias palavras é a atitude de acolher.

Uma resposta empática já é por si um abraço, um carinho que alivia a tensão do momento e tranquiliza. A partir

A linguagem da empatia

de então, podemos pensar com mais clareza na situação e elaborar soluções para o problema. Se isso acontece comigo, com a Alice e com você, por que seria diferente com os filhos?

No livro *Como falar para seu filho ouvir e como ouvir para seu filho falar*, Adele Faber e Elaine Mazlish, escrevem: "A criança fica profundamente confortada quando ouve as palavras do que está vivenciando. Alguém reconheceu sua vivência interna". Ambas as autoras sabem o que dizem, pois tiveram a oportunidade de beber direto da fonte, com o dr. Ginott.

Mas tome cuidado: reconhecer os sentimentos é bem diferente de dizer "entendo o que você está sentindo". Essa fala é insuficiente para que a criança sinta que você realmente a entende e leva à descrença. "Você não entende, não!" Se seu filho demonstra insegurança e ansiedade com o início das aulas, por exemplo, será melhor dizer: "O primeiro dia na escola é realmente assustador. Os amigos são novos, a professora é nova... tudo novo, hein?"

Nem sempre é tão simples ser empático. Há situações bem delicadas: "Dina, não dá para aceitar os sentimentos do meu filho quando ele diz que odeia a irmã". Essa mãe, que acabara de ganhar o segundo filho, já teve de segurar diversas vezes a mão do maior, que queria esmurrar a bebezinha e gritava: "Eu odeio a nenê!"

Nesse caso, é preciso afastar-se emocionalmente, sem se deixar levar pela raiva, e ser mais racional. É óbvio que o que ele sente é ciúme. De nada adiantará ficar brava com as palavras do menino.

Em vez de: "Não diga isso nunca mais! Está me ouvindo?"
– frase que denota a negação dos sentimentos da criança –, tente:

— Você está chateado com a chegada de sua irmãzinha. Está sentindo raiva dela.

— É mesmo! Você fica dando mais atenção pra ela!

— Hum... Sei.

— E ela vai roubar os meus brinquedos.

— Ah... Então você sente medo que isso aconteça.

— É.

— Hã-hã... Acha que a mamãe não te ama mais, só ama sua irmã agora.

— Isso.

— Bem, lembre-se disso: você é único e especial para a mamãe. E o amor que sinto por você jamais sentirei por outra pessoa.

— Nem pela bebê?

— Ela não pode tirar o amor que sinto por você, meu querido. Quando estiver triste ou com raiva, me conte. Mas nada de bater!

Sentindo-se compreendido, ficará mais fácil para o menino lidar com o ciúme. Ao mesmo tempo, a mãe deixou bem claro que ele não pode ser violento com a irmãzinha.

★

E esse papo de "Hum...", "Ih!...", "Sei..."? Eu já a preveni: no começo, vai soar estranho mesmo. Vejamos o seguinte relato: o filho chega da escola e corre até o quarto de sua mãe:

— Mãe, sabia que o Marcelo me empurrou?

A linguagem da empatia

— Puxa! [com vontade de perguntar o que aconteceu]
— É. Foi muito chato!
— Parece que você ficou bastante chateado.

Pulando na cama, o menino de apenas 4 anos terminou assim a conversa:

— Pois é... Eu só queria te contar...

Ele não queria opinião nenhuma, só queria contar. E sua mãe estava ali, escutando-o atentamente. Mordendo a língua, com certeza, pois a tentação de aconselhar é grande. Mas disparar um monte de perguntas a respeito do incidente apenas o irritariam.

No nosso exemplo, a Marina também teve um problema parecido e queria contar para a mãe, mas não deu muito certo:

— Mãe, hoje o Pedro me empurrou e eu não fiz nada para ele, e eu caí e...

— Marina, você é bem maior que o Pedro. Você deve ter feito alguma coisa para provocar...

Quando a mãe julga em vez de demonstrar empatia pela filha, esta se sente culpada, não compreendida, com raiva. Realmente esse tipo de atitude faz qualquer filho odiar a mãe, configurando um grande problema no relacionamento familiar. Seria bem mais produtivo se Alice disparasse um sonoro e interessado "Ih...".

É a deixa para que a criança continue o diálogo civilizadamente, pois a mãe abre um canal direto com seu coração. A história então pode ser contada livremente, sem dramas. Alice poderia continuar sintonizada com Marina por intermédio da emoção: "Estou vendo que você está com raiva".

Descrevendo o sentimento da criança numa frase, sem perguntar ou julgar, colaboramos para que ela se sinta compreendida e amada. Além do mais, muitas vezes as crianças nem sabem direito o que estão experimentando. Cabe a nós suprir esse vocabulário de emoções.

Dando nome aos sentimentos, seus pensamentos ficam mais nítidos para buscar saídas próprias para os problemas. Isso quer dizer autonomia — o que culmina no aumento da autoconfiança.

Façamos uma analogia com a imagem da reação em cadeia que acontece na bomba atômica. A partir de um simples átomo que se quebra e vai explodindo outros átomos, libera-se uma força gigantesca no final do processo. Pois bem, a linguagem da empatia também tem o poder de liberar uma energia enorme capaz de construir em nossos filhos uma autoimagem positiva e realista.

Tudo que almejamos é que eles cresçam felizes, humanos e fortes, preparados para enfrentar por si mesmos as dificuldades da vida com coragem e determinação. Porém, diariamente, tentamos inutilmente convencê-los de que suas queixas são injustificadas; seus sentimentos, equivocados. "O único resultado são as discussões e sentimentos de raiva", diz Ginott.

Voltando ao exemplo de Alice e Marina, quando ambas se digladiavam no carro. Não à toa, a menina sentia calor:

— Estou com calor.

— Não tire a blusa porque está frio.

Repare que, ao ignorar a manifestação da filha, a mãe acaba transmitindo a seguinte ideia: "Não confie em suas

A linguagem da empatia

percepções, e sim nas minhas". Afinal, mãe sempre sabe tudo... Aos poucos, isso gera um padrão de dependência. E, em longo prazo, Marina pode ficar insegura quando tiver de tomar decisões por si própria.

Para John Gottman, pesquisador na área de comportamento humano, crianças cujos pais vivem limitando suas escolhas podem vir a ser obedientes e dóceis, mas terão pouquíssima autoconfiança. A vontade dos pais passa como rolo compressor por cima dos desejos e preferências de seus filhos – tudo para que as crianças "entrem na linha". "Consequentemente, elas crescem sem saber ao certo do que gostam e do que não gostam. Algumas acabam nunca aprendendo a escolher. Tudo isso vai limitando a capacidade da criança de ser responsável por seus atos", sinaliza Gottman.

Porém, quando compreendemos nossos filhos e os ajudamos a lidar com sentimentos negativos – como raiva, tristeza e medo –, usamos a empatia para construir elos emocionais de lealdade e afeição. Simplesmente nos colocamos no lugar da criança e reagimos de acordo. O conceito parece simples, o que não significa que seja fácil colocá-lo em prática.

Nesse ponto, podemos recorrer mais uma vez às sábias palavras do dr. Ginott: "Os pais precisam aprender a falar aos filhos como falam com as visitas". Se uma visita derruba vinho na mesa, com certeza não dizemos: "Qual o seu problema? Não consegue se comportar à mesa?" Somos mais educados e compreensivos: "Não se preocupe, vamos dar um jeito nisso". Pois é dessa mesma forma que precisamos aprender a falar com nossos filhos. Quando recebemos amigos ou familiares em casa, a empatia guia os diálogos e promove um ambiente descontraído para todos. Exercemos essa habilidade preocupando-nos com as palavras que dizemos. Podemos até sentir raiva pela toalha branca manchada, mas não insultamos a quem queremos bem.

> ### EMPATIA QUANDO AS CRIANÇAS AINDA NÃO SABEM FALAR
>
> *Fico fascinada quando vejo algumas mães de bebês recém-nascidos conversando com seus pequeninos. Há uma mágica em ação. Elas procuram prender seu olhar, embalam, tocam, acariciam e se maravilham tentando compreender esse novo mistério chamado filho. Saboreiam pronunciar o nome dele, fazem expressões e gestos engraçados procurando passar a seguinte mensagem: "Eu te amo! Quero te conhecer!" Para elas não é difícil decifrar os diferentes tipos de choro e solicitações do bebê.*
>
> *Outras mães e também os pais podem sentir uma dificuldade inicial um pouco maior, mas com o contato mais frequente e menos apressado com o bebê passam a se comunicar com mais naturalidade.*
>
> *Com bebês de alguns meses e até aproximadamente 2 anos, a empatia pode se manifestar espelhando os gestos e balbucios do bebê, procurando imitá-lo no ritmo, no tom de voz e até na expressão facial.*
>
> *Ligar-se emocionalmente ao filho é uma arte delicada que traz a ambos sentimentos de ternura e cumplicidade.*

A linguagem da empatia

A linguagem da empatia é especial porque libera os relacionamentos familiares de uma carga emocional que confunde e atrapalha, só criando problemas para a família. "Os pais não estão conscientes do poder destrutivo das palavras", diz Ginott. E continua: "O problema desse tipo de comunicação está não na falta de amor, mas na falta de compreensão". Palavras podem ferir e sangrar. Escutar pode curar.

Como vimos, amor e bom senso não bastam na educação dos filhos: o modo como falamos com eles conta e muito! E você pode – e deve – usar a empatia em momentos de felicidade também. Hoje em dia tudo é tão veloz... tudo se desmancha rapidamente. O cartão de parabéns que chega por e-mail logo é deletado. A nota boa que o filho conquista é comentada rapidamente entre uma garfada e outra no jantar. Não comemoramos mais! Por isso, acredito que temos o desafio de ensinar as pessoas a ter empatia pelos sentimentos alegres, pelos momentos de celebração da vida do outro.

Quem não se lembra de ter recebido um elogio na infância? Da mãe, do pai, de um professor bacana ou da madrinha? E, muitas vezes, um elogio serve de empurrão e potencializa uma qualidade. Lembro-me de um garoto que se encantou quando a professora elogiou seu comportamento solidário diante dos colegas. O menino cresceu e procurou sempre ressaltar essa qualidade em sua personalidade.

No entanto, fica difícil desenvolver a empatia com nossos filhos quando nós mesmos estamos alarmados. "Dina, quando eu estou calma e tranquila é mais fácil entender o sentimento do meu filho. Mas, atualmente, basta ler a manchete do jornal para ficar em estado de atenção, em pânico mesmo." Essa queixa aparece cada vez mais no consultório. Nosso tempo é de desassossego e insegurança. São assaltos, crimes, terrorismo, sequestros... Vivemos cercados pela incerteza.

Pense no seguinte: seja em um bom momento ou em uma situação de tensão, estamos continuamente ensinando nossos filhos a lidar com as emoções. Quando enfrentamos alguma dificuldade e perdemos as estribeiras, é esse modelo que transmitimos às crianças. Precisamos de serenidade. Por isso, controle seus impulsos diante de aborrecimentos e frustrações. Ofereça um exemplo mais saudável. Mais do que isso: seja um preparador emocional. Assim como os jogadores de futebol precisam de um técnico para direcionar o treino a fim de fazer seus atletas renderem o máximo, os pais preparadores emocionais treinam seus filhos para que tenham uma capacidade maior de regular os próprios estados emocionais. Segundo Gottman,

> as crianças com preparo emocional são mais maleáveis. Elas não deixam de ficar tristes, irritadas ou assustadas em circunstâncias difíceis, mas têm mais capacidade de se acalmar, sair da angústia e procurar atividades produtivas.

Em outras palavras, são mais inteligentes emocionalmente.

Como treinadores emocionais, estamos ensinando às crianças o que é resiliência. Quando passamos por um desafio e o superamos, saímos da tempestade fortalecidos.

A linguagem da empatia

E é exatamente essa habilidade que os pais treinadores querem desenvolver em seus filhos. "O segredo reside não em evitar as frustrações e os aborrecimentos inevitáveis da vida, mas sim em aprender a se recuperar deles. Quanto mais rápida a recuperação, maior será a capacidade de a criança se contentar", explica Daniel Goleman, autor do best-seller *Inteligência emocional*.

Para terminar o capítulo, deixei para dizer o óbvio. Seu filho não vai parar de jogar videogame para tomar banho sem ter um chilique. Ponha-se no lugar dele. O que você escolheria fazer? As crianças acumulam todas as energias para o aqui e agora. E essa força será usada para conseguir o que desejam. Não vale a pena entrar nessa guerra. Eles são soldados altamente especializados em atingir seus objetivos momentâneos: jogar videogame até desmaiar, substituir as refeições por toda sorte de guloseimas açucaradas, jamais entrar debaixo do chuveiro de livre e espontânea vontade...

Que fazer? No próximo capítulo você aprenderá novas habilidades que se somarão ao vocabulário acolhedor da empatia. Não tenha dúvida: estamos diante de uma linguagem efetiva na arte de ser pai, de ser mãe. Arte, mas também ciência, pois se configura como um método de solução de problemas na educação dos filhos.

O colorido das emoções das crianças é muito forte. Quando estão alegres, elas estão totalmente alegres, entusiasmadas, ativas. Quando estão tristes, choram com muitas lágrimas. Se estão com medo, sentem muito medo mesmo. E, quando estão com raiva, a raiva é para valer.

Nós, adultos, servimos de espelho e fazemos uma espécie de modulação emocional, tornando as oscilações menos intensas.

O leitor ou a leitora provavelmente está pensando: "Falar é fácil, você não conhece o meu filho..." Fácil eu sei que não é, pois, se fosse, todos os pais já teriam aprendido o "criancês". É mais uma questão de hábito. Insista. Pratique o bê-á-bá da empatia.

★

2 MORDA A LÍNGUA

Com acidentes pequenos as crianças podem aprender grandes lições sobre valores.
HAIM GINOTT

"A claridade do dia vai entrando no quarto. Que horas serão? Como é bom não ser acordada pelo despertador... Vou dormir mais um pouquinho aninhada nos braços do César. Aproveitar essa tranquilidade..."

Alice despertou assim, calma, achando que teria um pouco mais de descanso. Mas, de repente, ouviu Marina gritando:

— Rafael, PARA!

Alice pensou em se levantar, mas decide deixar os filhos resolverem sozinhos, fosse lá o que estivessem aprontando.

— César, você está ouvindo?

— O quê, Alice? Deixa, são apenas crianças. Estão brincando.

— Não! Não estão brincando. O Rafael está irritando a menina de novo. Já pedi a ele mil vezes para parar de importunar a irmã. Não aguento ficar deitada ouvindo isso.

Alice levantou-se furiosa, entrou no quarto das crianças e agarrou Rafael pelo braço.

— Sabe o que você é? Um covardão! Você é bem maior que ela!

— Mas nós estamos brincando – defende-se o menino.

— Desde quando atormentar sua irmã é brincadeira, hein?

— A gente só estava fazendo guerra de travesseiros.

— Você fez sua irmã chorar, seu bruto! Continue assim que você vai ver... Um dia alguém mais forte também vai te bater!

A raiva de Alice era tão grande que ela empurrou o filho para longe, sem conseguir se conter.

— Vem cá, Marina... Não chora. Vamos nos acalmar e tomar café todos juntos, como uma família civilizada – disse a mãe. – Tudo bem, Rafael? – Alice perguntou, fulminando-o com o olhar.

O menino não respondeu. Virou as costas e entrou no banheiro.

— Mãe, quero chocolate quente, você faz?

— Sim, filha. Vamos preparar um café da manhã de hotel? Você me ajuda?

— Tá! Eu faço suco de laranja.

Na cozinha, Alice e Marina pareciam estar se divertindo. A menina espremia laranjas enquanto a mãe esquentava o leite. O cheiro do café trouxe César para a mesa.

— O que minhas garotas estão preparando de bom?

A linguagem da empatia

— Papai, hoje vamos ter um café de hotel – diz, orgulhosa, a pequena Marina.

— Humm… então vou fazer de conta que estamos num hotel: vou ler o jornal enquanto vocês arrumam tudo.

— É mesmo do seu feitio, você não muda – disse Alice, resignada.

Enquanto isso, Rafael entrou cabisbaixo. Observou tudo meio sem graça.

— Vem cá, Rafa. Me ajuda. Pega o pão e separa o queijo e a goiabada para fazermos romeu e julieta.

— Não gosto de sanduíche de queijo com goiabada.

— Isso é novidade! Você está é fazendo birra, porque quando eu faço os sanduíches você adora.

— Você nunca faz o que eu gosto. As mães dos meus amigos sempre fazem coisas gostosas.

Alice não conseguia acreditar. Outra cena! "Não! Esse menino não vai azedar nosso café da manhã em família", pensou.

— Então ajuda passando a geleia no pão.

No entanto, não transcorreram nem quinze segundos e toda aquela atmosfera de carinho e cooperação desapareceu por completo.

— Marina, você derramou toda a jarra de suco! Mas que mãos de gelatina você tem! – gritou César. – Alice, olha o que esse menino está aprontando: tem impressões digitais de geleia pela mesa toda! Não dá para comer nessa imundície! Quero que você limpe essa sujeira toda agora, rapazinho.

— Rafael, tenho certeza que as mães dos seus amigos fazem coisas gostosas porque eles têm modos à mesa. Quer saber? Sobe já e arruma aquele quarto: o café da manhã está suspenso!

— César, tira esse bule quente da mão da Marina! Ela vai se queimar! Senta e fica quieta você também, Marina, antes que eu dê umas palmadas nos dois!

★

Que começo de fim de semana teve a Alice, hein? Ela até conseguiu recompor os ânimos para um divertido café da manhã cinco estrelas, mas o clima desandou novamente. Por quê?

Assim como a Alice, a maioria dos pais não sabe lidar com a raiva, dominar aquele ímpeto automático de atacar quando contrariado. Neste capítulo, vamos enfocar os sentimentos dos pais. E lanço o desafio: como não deixar as crianças definirem nossa reação ou nosso humor?

Certamente com autocontrole. E não é do dia para a noite que se domam as emoções. Trata-se de um processo gradual. O primeiro passo já foi dado no capítulo anterior: ficamos sabendo que alimentamos sentimentos negativos em nossos filhos com palavras que ferem. Aposto que você está pensando: "Lá vem a Dina com esse papo de novo". Caro leitor: a linguagem da empatia, o "criancês", é a base fundadora na arquitetura de um relacionamento familiar saudável. Quanto mais sólido estiver esse alicerce, mais firme estará toda a estrutura.

Assim, agora vamos aprender a controlar a energia gerada pela raiva, dirigindo-a não para insultar, mas para transmitir aos nossos filhos informações e valores. Por meio de novas habilidades, vamos substituir as opções mais automáticas de xingar e bater por uma linguagem construtiva que incentiva a cooperação.

No caso da briga dos irmãos Marina e Rafael, Alice só conseguiu "resolver" a situação agredindo o menino. Em um piscar de olhos, a mãe amorosa e dedicada se transformou em uma pessoa truculenta. Apesar de todos os problemas, somos seres humanos, e sempre podemos optar por uma maneira civilizada de exprimir sentimentos selvagens.

Teria sido mais eficaz se Alice canalizasse toda a energia furiosa para um sincero e sonoro:

— ISSO ME DEIXA MUITO BRAVA!

Por meio de uma alquimia maravilhosa, convertemos a raiva em linguagem assertiva, libertando o sentimento sem insultos. **EXPRIMIR SEUS SENTIMENTOS** é a primeira de cinco "habilidades que ajudam a criar um clima de respeito no qual o espírito de colaboração poderá germinar", definem Faber e Mazlish.

Uma mãe me contou no consultório: "Dina, eu tenho o pavio curto demais... Grito primeiro e penso depois. Seria melhor se eu falasse mais calmamente". Mas quem disse que os pais devem falar calmamente quando estão fervendo por dentro? Você pode responder com firmeza e, ainda assim, não reagir com insultos.

Sei que você ainda não é fluente nessa linguagem mais assertiva. Mas, mesmo quando não conseguimos a cooperação dos nossos filhos, precisamos fazer um esforço para não agravar a situação ao ferir sua dignidade, gerando mais conflito e descontentamento.

Quando Alice agarrou o braço do Rafael e o agrediu fisicamente, ela ensinou ao filho — ainda que involuntariamente — uma terrível lição: quando estiver com raiva, bata! "Como uma criança que apanha costumeiramente pode se tornar um ser humano mais amoroso?", indaga o dr. Ginott.

Como adultos, temos a capacidade de discernir entre acontecimentos apenas desagradáveis, trivialidades do convívio diário, daqueles mais perigosos. Não se pode reagir a pequenos incidentes como catástrofes! Assim, quando lidamos com situações corriqueiras, devemos usar uma linguagem menos "reativa", que reduza o drama e traga bem-estar à família.

Lembra-se da mãe "pavio curto" que mencionei há pouco? Pois bem, ao surpreender o filho de 4 anos escrevendo na parede, ela não se reconheceu quando disse com a voz firme: "As paredes não foram feitas para escrever. O papel, sim!"

Em vez de ter uma reação ameaçadora, ela **DEU INFORMAÇÃO**. Uma troca de linguagem que merece os parabéns! Utilizando essa segunda habilidade, poupa-se a verborragia inútil provendo a criança com um conhecimento proveitoso. Foi um grande avanço para essa mãe.

Mas vamos "desligar" o botão do autocontrole dela por um instante e ver o que ela diria ao menino rabiscando a parede:

— Quantas vezes eu preciso falar para você não escrever na parede? Se fizer de novo, vou te dar umas palmadas, seu peste!

A criança traduz essa intimidação hostil num desafio irresistível. Não caia mais nessa armadilha! As ameaças e promessas só aumentam a ansiedade do pequeno, que vai fazer de novo para desafiar a autoridade da mãe. Toda criança espera retaliação e castigo! "O que ela precisa é de um aliado adulto que a ajude a controlar impulsos", explica o dr. Ginott.

— Já te falei mais de mil vezes que não é para mexer no meu armário! – esbravejou uma amiga minha para a filha.

E ela:

— É, mamãe, e depois do 1.000 vem o 1.001, 1.002…

Ou seja: minha amiga pode continuar falando, falando, falando… No fim das contas, a menina vai continuar mexendo no seu armário.

Percebo que existe uma confusão entre autoridade e agressividade. Por não conhecer habilidades que substituam gritos agressivos, muitos pais caem na permissividade excessiva, deixando que os filhos tomem atitudes indesejáveis. Não é oito nem oitenta! Existe um meio-termo: é possível exercer a autoridade com firmeza sem ferir os filhos.

Se o modo como você pede algo nunca funciona com seus filhos, é hora de mudar de tática, falar de outro jeito. Já apresentamos duas abordagens diferentes diante da violação de limites. Vamos conhecer mais uma?

Durante o café da manhã "cinco estrelas" da nossa família-exemplo, Marina derrubou a jarra de suco por causa de suas "mãos de gelatina". Ora, depois dessa, a garota vai se achar um zero à esquerda e talvez nem tente mais ajudar com nada. No calor da contenda, dizemos coisas que atacam cruelmente a personalidade das crianças e devastam sua autoimagem. Causaria menos drama se Alice dissesse apenas: "Esponja!"

Apontar a esponja para que Marina limpe a sujeira significa que acreditamos na sua capacidade de resolver um problema, seja ele qual for. Alice teria conseguido mais ajuda sem grandes rancores. Eu sei, eu sei. No momento o sangue sobe e dá uma vontade incontrolável de passar um sermão enorme sobre ser cuidadoso, responsável, prestar mais atenção... Mas morda a língua! **DIGA EM UMA PALAVRA**. Menos é mais para Haim Ginott: "As crianças respeitam mais os limites quando estes são expressos de maneira sucinta e impessoal".

Analisemos outro problema exposto no conflito matinal da família de Alice. O marido dela, César, até para dar bronca no menino chama a esposa:

— Alice, olha o que esse menino está aprontando: tem impressões digitais de geleia pela mesa toda! Não dá para comer nessa imundície! Quero que você limpe essa sujeira toda agora, rapazinho.

Se pudéssemos ouvir os pensamentos de Rafael naquele instante, com certeza escutaríamos algo assim: "O que você está falando? Também não está ajudando com nada!"

Os filhos se identificam com os pais e com os valores que eles personificam. Um comportamento "cinco estrelas" seria se os quatro estivessem envolvidos na gostosa atividade. A cooperação nasceria naturalmente nessa família.

Outra habilidade proveitosa quando buscamos maior colaboração é simplesmente **DESCREVER O QUE VOCÊ VÊ**. Uma toalha molhada sobre a cama pode ser o início de um bate-boca. Mas para que complicar se podemos simplificar? Que tal: "Tem uma toalha molhada na cama"?

A linguagem da empatia

Tenho certeza de que, se você utilizar essa quarta habilidade, terá resultados melhores do que conseguiria com um discurso fatalista do tipo: "Se você dormir nessa cama molhada e pegar um resfriado, a culpa é sua!"

Uma mãe me contou que não aguentava mais ter de implorar para que o filho escovasse os dentes antes de dormir. Toda noite era a mesma ladainha. Até que ela usou humor: "Tem uma escova de dentes abandonada implorando para ser usada!"

Pronto! Ela encontrou a chave para driblar o mau humor do pequeno. E, se o assunto é higiene, vamos ser francos: nenhuma criança vai colocar a limpeza na frente da diversão. Portanto, criatividade ajuda!

Já que estamos falando em ser mais engenhosos, a quinta habilidade é: **ESCREVA UM BILHETE**. A ideia caiu como uma luva para um jovem casal que gostaria de dormir um pouquinho mais aos domingos, mas era impossível. Seus dois filhos, assim que acordavam, corriam para o quarto dos pais fazendo aquela bagunça. Uma manhã, eles encontraram na porta um cartaz:

FAROL VERMELHO:
PAPAI E MAMÃE DORMINDO

Os meninos atenderam ao pedido. Depois de um tempinho, voltaram e... surpresa! O cartaz dizia:

FAROL VERDE:
QUEREMOS BEIJINHOS DE BOM-DIA

Crianças que ainda não sabem ler, por sua vez, adoram representações plásticas da realidade, como figuras, desenhos, fotografias, recortes de revista etc.

Uma amiga cujo filho tem cerca de 4 anos comentou que ele vivia bagunçando as roupas no armário. Para resolver o problema, ela colou, em cada gaveta, uma figura que representava que tipo de roupa deveria ser guardada ali. O menino ajudou a escolher as figuras e a colá-las. Depois disso, passou a separar as peças corretamente, sempre se divertindo muito com tudo aquilo. Na última gaveta, por exemplo, havia figuras de pés. Ali ele podia guardar meias, sapatos, tênis e chinelos.

Como vimos, criatividade e bom humor são muito bem-vindos na alquimia que transforma raiva em cooperação.

"Mas que alquimia coisa nenhuma, Dina! Até parece que meus filhos vão mudar de comportamento se eu adotar essas habilidades!" Incredulidade é o primeiro sentimento que costuma surgir nesse momento. "Ah, se fosse tão simples assim..." É verdade: às vezes, esse novo repertório não funciona. Quando isso acontece, é sinal que intimidação, ameaças e outras falas negativas também não surtirão efeito. Com um agravante: a criança ficará irritada e alimentará fantasias de vingança, o que a distanciará emocionalmente dos pais.

O ditado "Se não vai por bem, vai por mal" só gera sofrimento. Quando os pais escolhem "morder a língua" e pensar antes de falar, situações que eram educativamente estéreis tornam-se ocasiões para ensinar valores. Analisemos as sábias palavras do dr. Ginott:

A linguagem da empatia

Quando Diana, de 8 anos, perdeu a pedra de seu anel, começou a chorar copiosamente. Seu pai olhou para ela e disse clara e firmemente: em nossa casa, as pedras não são importantes. As pessoas são importantes. Os sentimentos são importantes. Qualquer um pode perder uma pedra, mas as pedras podem ser substituídas. São os sentimentos que importam para mim. Você gostava realmente daquele anel. Espero que encontre a pedra.

★

3
CASTIGO, NÃO! RESOLVENDO CONFLITOS DE FORMA PACÍFICA

> *Se soubéssemos o tipo de atitude capaz de fazer a criança aprender de uma vez por todas...*
> **Haim Ginott**

— Alô, Alice? Aqui é a Fátima, coordenadora pedagógica da escola do Rafael. Desculpe te ligar no trabalho.

— Oi! Aconteceu alguma coisa? Ele se machucou?

— Não, não... Estou ligando porque ando preocupada com o rendimento do seu filho.

— O Rafael me prometeu que estudaria mais esse bimestre. Ele não tem feito as lições de casa?

— É... ele não tem se aplicado muito. E não são apenas as notas. Os professores têm reclamado muito do comportamento dele.

— Agradeço o seu telefonema. Mas que balde de água fria! Pensei que ele tivesse melhorado.

— O que ele precisa é de mais disciplina em casa. Hoje de manhã a professora de matemática o tirou da sala. Ele estava falando demais, perturbando a aula.

— Quando eu chegar em casa, nós teremos uma longa conversa. Esse menino não leva nada a sério. A única coisa que entende é o castigo.

Alice desligou o telefone com o rosto quente de raiva! E de vergonha! "A Fátima deve me achar a mãe mais frouxa do mundo. Parece que levei um tapa na cara! Mais disciplina, é? Se é isso que ele precisa, então vai ter! Vai ficar de castigo um mês!"

Ao chegar em casa, Alice imediatamente chamou o filho:

— Rafael! Quero falar com você agora!

— Mãe, a professora de matemática me persegue, eu odeio ela!

— Eu não quero ouvir nada do que você tem a dizer.

— Mas você não sabe, mãe: ela me mandou para a sala da Fátima. Disse que eu falo demais na aula. E nem era eu quem estava fazendo bagunça.

— Nunca é o senhor, não é? Chega! Você não aprende. Sabe muito bem que tem que se comportar no colégio. São as regras! Não quero um filho bagunceiro. A professora fez muito bem de te tirar da aula, você estava atrapalhando! Além disso, não cumpriu com sua palavra: você prometeu que faria as lições direitinho e estudaria. E não é isso que está acontecendo! Portanto, você está de castigo: chega de videogame e televisão durante a tarde. Só assim para você aprender a lição! E fim de papo!

A linguagem da empatia

★

Será que as crianças só aprendem com castigos? Bem, disciplina não é sinônimo de punição. Na verdade, a essência da disciplina consiste em encontrar alternativas eficientes ao castigo. É disso que vamos falar neste capítulo.

Alice engrossa o coro de mães e pais que acreditam nas ameaças e penalidades como únicas forças capazes de inibir um comportamento intolerável. As crianças, por sua vez, quando levam um "corretivo", são envenenadas pela raiva ou pela culpa, alimentando sentimentos de vingança e de autopiedade.

"O problema do castigo é que não soluciona nada, é uma distração. Em vez de o filho se sentir chateado pelo que fez e refletir sobre como poderia melhorar, ele se ocupa com fantasias de vingança", explica o dr. Ginott. E, em se tratando de disciplina, devemos evitar ao máximo tudo que gere raiva.

Como será que Rafael se sentiu depois da bronca da mãe? Com certeza sem nenhuma "vontade de melhorar", de ser mais responsável. Em sua mente aparecem os seguintes pensamentos: "Minha mãe é uma bruxa! Vou continuar falando na aula, ela vai ver!" Ou: "Isso prova que sou uma pessoa sem valor e mereço ser castigado!"

O fato é que Rafael já havia sido repreendido na escola. O que ele precisava da mãe era de uma resposta solidária que o ajudasse a superar o episódio. Algo como: "Puxa, você deve ter se sentido humilhado quando a professora chamou sua atenção na frente dos seus colegas, não é? Por isso você está tão chateado".

Essa atitude permitiria que os bons sentimentos do menino predominassem, diminuindo sua raiva. Então Alice poderia mostrar sua desaprovação sem ferir a personalidade: "Não gostei do modo como você se comportou na aula hoje".

Rafael se arrependeria naturalmente pela má conduta na classe. Então Alice poderia afirmar suas expectativas expressando confiança no filho: "Espero que cuide disso. Que melhore o seu comportamento na escola e cumpra o prometido de fazer suas lições. Confio em você!"

Certamente o menino pensaria em tomar atitudes para endireitar as coisas novamente. Sem conflitos desnecessários e – melhor – sem castigo.

Em vez de castigar...

Opções mais educativas do que as punições devem começar com a definição clara de limites. No capítulo anterior, uma das habilidades apontadas como motivadora de cooperação era **dar informação**. Precisamos informar a criança o que constitui uma conduta inadmissível e qual comportamento substituto será aceito.

Mas essa atitude precisa ser levada a cabo sempre. Os filhos só levarão a sério se souberem que, "por trás das suas palavras, há a disposição de tomar uma atitude", enfatiza Ginott. Se você diz a seu filho: "Jogar bola dentro de casa estraga as paredes. Você pode ir lá fora ou parar com isso. Resolva", tem de lhe tomar a bola caso a brincadeira continue dentro da casa. Assim, você termina com o comportamento indesejado sem ferir a dignidade da criança. Dê escolha e cumpra. Troque o insulto pela atitude.

Vamos pensar numa situação em que você e seu filho vão ao supermercado. Já viu esse filme antes? Pois então:

EM VEZ DE...	OPTE POR...
Passar-lhe um sermão toda vez que se debruçar nas gôndolas do supermercado.	Mostrar como ele poderia ajudar: "Seria legal se você escolhesse alguns limões bem grandes para a mamãe".
Insultá-lo por suas maneiras (ele gosta de se jogar no chão).	Expresse sua desaprovação de maneira categórica: "Não estou gostando! Sua atitude atrapalha as pessoas".
Ameaçá-lo quando ele corre pelos corredores.	Dê a ele uma escolha: "Filho, você pode escolher: ou me ajuda ou fica sentado no carrinho".
Bater nele.	Tome uma atitude. Coloque-o no carrinho e diga: "o seu comportamento indica que você escolheu sentar no carrinho".

E quantas vezes você não teve de sair do supermercado sem fazer as compras porque seu filho não a deixava em paz?

Não se aflija mais. Em uma próxima oportunidade, deixe-o arcar com as consequências dos seus atos:

— Mãe, aonde você vai?
— Fazer compras.
— Posso ir com você?
— Hoje não. Sabe por quê?
— Ah, porque eu corri no supermercado da outra vez?
— Hã-hã...
— Ah, desculpa, mãe.
— Eu aceito suas desculpas e você terá outra chance. Mas hoje vou sozinha.

O que essa mãe quer dizer é que pedir desculpa não basta! É preciso demonstrar um comportamento diferente.

Fique atenta: as crianças são rápidas para pedir perdão e mais rápidas ainda para repetir uma atitude intolerável.

No exemplo anterior, a mãe poderia dizer o seguinte: "Já aceitei as suas desculpas, mas o seu pedido vai estar completo quando, da próxima vez, eu perceber uma mudança na sua atitude, ou seja, quando você se comportar bem".

Ser assertivo é isso. A mãe aceita as desculpas, mas deixa o filho "de molho": ele precisa enfrentar as consequências naturais do seu mau comportamento. Desse modo, ele percebe a relação de causa e efeito de suas atitudes e pode se transformar de forma positiva. Ao deixar um filho arcar com os próprios atos, estamos preparando-o para honrar as regras do mundo social – o que é bem mais educativo do que disparar um castigo sem sentido ou simplesmente xingá-lo.

A linguagem da empatia

O ideal é aceitar todos os sentimentos e proibir os comportamentos inadequados.

Quando nada dá certo

Voltando ao nosso exemplo, naquela noite, depois que o tempo fechou na casa da Alice, ela não podia dormir. Só conseguia pensar no que fazer com Rafael. "Ele não estuda nem faz a lição de casa. Não adianta eu implorar nem castigar. Nem sei mais se fiz o certo... qual é o problema dele? Ou será que o problema é comigo? O que eu faço?"

Esse processo de ouvir a si mesmo é "o primeiro passo rumo à realização de mudanças", afirmam Faber e Mazlish. Não é preciso se desesperar, porque há saída.

O que precisamos é investir um pouco de tempo (só um pouco mesmo) para compartilhar sentimentos e ouvir os filhos. Assim, destruímos essa "arena" em que inimigos se digladiam. Os pais precisam perder a pose de adultos que sabem tudo. Os filhos não são peças quebradas precisando de conserto. Eles necessitam participar ativamente da resolução dos problemas. Em conjunto, pais e filhos podem encontrar soluções com um método que beneficiará a todos.

A primeira etapa desse método de resolução de problemas consiste em:

1. Ouvir os sentimentos da criança

É muito importante que seu filho diga tudo que o incomoda AGORA. Uma boa dica é aproximar-se emocionalmente dele e reconhecer a dificuldade do problema. Não tenha pressa nesta etapa. Quanto mais tempo você usar para entender os sentimentos do seu filho, mais rápido o restante deslanchará.

— Rafa, gostaria de conversar com você sobre um assunto. Pode ser agora?

— Sim, o que é?

— É sobre a sua lição de casa. O que o incomoda?

— Ah! Eu quero brincar à tarde quando chego da escola, e não fazer o dever.

— E você sofre com isso, não é, filho?

— É, sei que tenho que estudar. Mas quando eu chego da escola, estou cansado.

— Humm...

— Eu queria descansar um pouco e ver televisão.

— Então o problema é o horário?

— Pode ser...

Pronto, podemos seguir agora para a segunda etapa:

2. Fale sobre a sua preocupação

Mas cuidado: seja breve. Não ameace. Tire o tom de intimidação de sua fala substituindo o "se" pelo "quando".

— Eu não gosto desse tema lição de casa na nossa vida! Acabo pegando no seu pé porque, quando você não faz seu dever, o seu rendimento na escola piora.

E chega. Autoridade não é apontar o dedo disparando críticas. Mostre sua preocupação energicamente e, ao mesmo tempo, com carinho. Seja afável, mas firme.

A linguagem da empatia

A terceira etapa representa a mudança no diálogo:

3. *Convide seu filho a pensar numa solução*

— Vamos ver se a gente encontra juntos um horário que seja bom para você fazer sua lição de casa?

Lápis e papel na mão, é hora de:

4. *Fazer uma lista de ideias*

Nesta quarta etapa, anotam-se todas as soluções apresentadas sem julgá-las.

— Então, Rafa, você começa.

— Humm... Que tal essa: não fazer lição?

— Eu vou escrever, mesmo não concordando. Que mais?

— Bem... acho que poderia fazer a lição quando o papai chega do trabalho. Assim ele me ajuda.

— Ah! Você gostaria que ele ajudasse você?

— Sim. Aí, enquanto ele não chega, eu posso tomar banho. Fica melhor para estudar.

— Puxa, filho! Você está contando uma coisa que a mamãe não sabia. Já está anotado: fazer a lição depois do banho, quando o papai chegar.

— Isso!

— Eu também tenho outra ideia: você pode descansar uma horinha depois de almoçar, ver televisão, jogar um pouco de videogame e, então, atacar a lição para ficar despreocupado a tarde toda.

— É... também. Pode anotar aí.

Se as ideias da lista tiverem participação ativa da criança, ela terá tendência maior de cumprir o que for combinado.

A quinta e última etapa é:

5. Formalizar o acordo

Chegou o momento de riscar da lista as ideias que não forem boas para ambos, numa negociação saudável. Não esqueça de expressar confiança na solução que será adotada.

— Pode riscar essa última ideia. Quero que o papai me ajude.

— Está certo. Mas eu preciso riscar a sua primeira ideia. Bem, então acho que temos uma ideia vencedora aqui.

— Sim!

— Parece que chegamos a um plano que vai dar certo!

Pode apostar que vai! Você não dará passo em falso seguindo essa sequência. Troque as respostas automáticas (e inúteis) dos antigos sermões por um trabalho de equipe, pautado pelo respeito e pela boa vontade.

Uma picadinha dolorida

Você já viu alguma enfermeira brigando com um paciente porque ele se machucou? "Parabéns! Isso é que dá subir em árvores. Agora está aí, todo quebrado". Isso é absurdo. Da mesma forma, os pais, como enfermeiros emocionais, também devem prestar os primeiros socorros quando os filhos tropeçam – sem envergonhá-los. Às vezes é neces-

A linguagem da empatia

sário aplicar uma injeção para erradicar a infecção de mau comportamento. E ninguém gosta de tomar injeção, não é mesmo?

Quando uma criança desafia os limites de uma regra estabelecida, há lugar para a desaprovação e a culpa. Aí vem a dorzinha da injeção. Portanto, o "choro" é previsto durante o processo de impor limites, de dizer "não". As crianças não aceitam graciosamente nossas reprovações.

Culpa? Sim. Os pequenos precisam de uma dose de arrependimento para inibir ou modificar um comportamento. É ele que motiva a autodisciplina. Minha principal crítica aos castigos é que eles aliviam a culpa com muita facilidade. A criança paga pelo mau comportamento e depois se sente livre para repeti-lo.

Além disso, frequentemente as punições são desferidas em meio a discussões carregadas de insultos. "Muitas vezes, as crianças ficam não apenas com a impressão de que seus atos específicos foram criticados, mas também passam a acreditar que não são boas pessoas", alerta Ginott. Nesse caso, a culpa se torna corrosiva, constituindo um quadro de excessiva ansiedade.

Ao concluir este capítulo, acredito que resolvemos a confusão de Alice: mau comportamento e castigo não são opostos que se anulam. Muitas vezes eles se reforçam. Existem alternativas criativas mais interessantes e mais educativas à espera de sua boa vontade. Aproveite.

★

4
O PAPEL DOS ELOGIOS E ALGUMAS ALTERNATIVAS À CRÍTICA

> *Quando percebemos e endossamos os esforços das crianças, nós as ajudamos a crescer com mais esperança e confiança.*
> **Haim Ginott**

Querendo aproveitar um feriado prolongado, Alice pensou em atividades bacanas para fazer com as crianças.

— César, o que você acha de fazermos um piquenique?

— Boa ideia.

— Pessoal, que tal a gente aproveitar este lindo dia de sol para um piquenique no parque?

— Eba! Que legal!

— Então, preciso da ajuda de todos para esta missão – a frase soou como se todos fossem agentes secretos.

Alice continuou:

— Agente 001: apresente-se no quarto para a arrumação da mochila. Agente 002: o chefe papai o aguarda na cozinha para a preparação dos lanches.

A excitação de Rafael e Marina era visível. Todos correram para seus postos. Um pouco de fantasia sempre ajuda na cooperação.

— Mamãe, posso ir de biquíni?

— Boa ideia, Marina. Mas acho melhor colocar uma roupa por cima.

— Quero a saia azul e a camiseta rosa. Posso levar todas as minhas bonecas?

— Todas? Bom, enquanto você se veste, vá pensando qual delas será a escolhida para passear, tá? Eu vou pegar uma muda de roupa para o Rafa e ver como nossos agentes estão se saindo na cozinha. E então, agente 001: os suprimentos estão prontos?

— Mamãe, fizemos doze lanches! E eu arrumei a cesta de piquenique.

— Vocês realizaram a tarefa com perfeição. Isso é o que eu chamo de eficiência, meninos.

— E eu passei geleia de morango, porque sei que a Marina gosta.

— Mas quanta gentileza! Sua irmã vai ficar contente, Rafa.

Nesse momento, Marina entrou na cozinha prontinha para o passeio.

— César, está vendo? Nossa filha se trocou sozinha!

— Nem chamou o papai para amarrar os cadarços!

— É... eu consegui.

— A mamãe está orgulhosa de você: além do tênis, você se vestiu direitinho e ainda penteou o cabelo. Parabéns!

Alice pegou a cesta com os lanches, mas precisava de ajuda com a mochila.

A linguagem da empatia

— Mãe, deixa que eu carrego.
— Rafael, você é nota dez! Além de filho maravilhoso, ainda é o melhor irmão que a Marina podia ter. Pensou até na geleia preferida dela.

A família entrou no carro animada. Mas não se passaram nem cinco minutos até que o berreiro no banco de trás começasse:

— Mas o que foi que aconteceu aí?

Chorando, Marina se esguelava.

— O Rafael quebrou minha boneca...

Que momento mais inoportuno para um ato de mau comportamento! César balançava a cabeça, inconformado. E o que deixava Alice mais chateada era que ela tinha acabado de elogiar o menino... O que é que havia dado errado?

★

Acredito que você também já tenha se assustado diante de um episódio parecido. Afinal, não devemos elogiar as crianças? Todos nós sabemos que é uma delícia ouvir um elogio, mas para os pequenos a coisa não é tão simples assim. Um elogio pode se transformar em tensão capaz de levar ao mau comportamento.

Alice só foi compreender a atitude "terrorista" de Rafael quando recebeu um abraço bastante sentido do pequeno. "Eu não sou perfeito e muito menos o melhor irmão que a Marina pode ter", confidenciou muito abalado. Um pouco antes da história do piquenique, ele havia provocado a irmã com beliscões. A imagem que Rafael tinha de si era bem diferente daquela pintada por Alice. Foi aí que ela percebeu como o garoto sentiu-se pressionado por aqueles elogios. Constrangido por não corresponder à expectativa de ser "nota dez", o menino "teve" de mostrar que não era tão bom assim — e a maneira encontrada para isso foi quebrar a boneca da irmã.

Esse é o problema dos elogios do tipo "você é dez" ou "você é o melhor": embora positivos, eles avaliam. Lembre-se: devemos evitar expressões que julgam a personalidade ou a capacidade da criança. O "criancês" vale para os elogios também.

Qual é a sua reação quando seu filho mostra um desenho que tenha feito e está ansioso para ouvir o que você tem a dizer?

— Fabuloso! Que desenho lindo... Você é mesmo um artista!

Quanto confete! Seu filho vai desconfiar da bajulação e duvidar de você: "Acho que minha mãe nem entendeu o desenho". Por outro lado, já vimos que o excesso de elogios pode conduzir a uma situação insuportável para a criança. Ela também pode levar a sério o elogio exagerado. No exemplo do desenho, a criança provavelmente deixará os lápis de cor de lado. Afinal, o que mais ele pode desejar se já é "um gênio fabuloso"? "A criança pode internalizar essa exigência excessiva e tornar-se uma autocrítica impiedosa, o que pode levá-la a um imobilismo defensivo: não fazer para não errar", reforça o consultor do Unicef, Luiz Lobo. O pequeno não vai arriscar perder seu título aventurando-se em novos desafios.

A linguagem da empatia

Qual é a saída? Deixar a reação automática de lado e descrever o que vê e sente em relação ao desenho do seu filho:

— Vejo um castelo muito colorido... E você também desenhou flores amarelas. E este aqui deve ser o príncipe, não é?

Ele perceberá que você realmente prestou atenção. E o mais importante: você dá a ele a chance de **se** elogiar. "Puxa vida! Devo ser um bom artista, afinal de contas a mamãe entendeu meu desenho". Isso é inestimável. É o "combustível" que alimenta a autoconfiança da criança e livra-a da dependência dos outros como fonte de aprovação. O pequeno provavelmente vai correr atrás de outra folha de papel para desenhar mais. "As palavras que exprimem avaliação barram a criança. Já as palavras que descrevem libertam-na", esclarece o dr. Ginott.

E foi assim, descrevendo, que Alice elogiou sua filha quando a viu trocada, pronta para sair. Descrever o esforço da criança é uma maneira muito mais saudável de elogiar. A pequena Marina ainda tem dificuldade de se vestir sozinha, e o seu empenho foi valorizado pelo olhar atento da mãe. "Esse incentivo ensina a criança a ter persistência e a motiva a se empenhar mais", afirma a psicóloga Maria Tereza Maldonado. O elogio descritivo estimula a criança a superar inabilidades e transcender desafios.

Provavelmente você já percebeu a diferença entre um "confete" exagerado e um elogio verdadeiro. "Os elogios devem mostrar para a criança uma imagem realista de suas realizações, não uma imagem distorcida de sua personalidade", explica Ginott.

Sei que é inerente aos pais dizer aos filhos que eles são o máximo. Realmente é muito mais fácil dizer "lindo!" do que fazer o esforço de olhar, sentir e então descrever em detalhe. Mas insisto: tente! Você notará que as crianças começarão a elogiar a si mesmas e a perceber melhor seus pontos fortes.

Vamos a mais alguns exemplos:

Quando sua filha colabora na arrumação

— Paula, você limpou seu quarto. Como você é legal!

E a filha pensando: "Não sou tão boa. Escondi uns brinquedos embaixo da cama".

Agora, em vez de avaliar, a mesma mãe vai descrever o que vê ou sente:

— Vejo que foi feito muito trabalho aqui. As bonecas estão guardadas, os CDs estão empilhados e as bolinhas de gude foram recolhidas. É um prazer entrar neste quarto.

A filha conclui: "É... eu realmente consigo fazer uma boa arrumação".

Quando você ganha um presente do seu filho

— Essa gravata é linda! Muito bonita.

"Hummm... Será que ele gostou mesmo?", desconfia o garoto.

Trocando o elogio avaliativo pela descrição:

— Puxa, que gravata colorida, com tantas listas de larguras diferentes. Vou usar muito o meu presente.

"Ah, o papai gostou mesmo."

Na peça de teatro da escola

— Mas que interpretação maravilhosa! Você é um ator de primeira.

O menino insatisfeito: "Ela nem percebeu que eu gaguejei um pouco porque tinha esquecido minha fala".

Em uma perspectiva realista, porém, ela poderá dizer:

— Eu vi como você se esforçou para decorar todas as falas da peça. Mesmo assim, te deu um branco, mas você se saiu muito bem improvisando. E a sua boa postura no palco, a voz forte, eram mesmo dignas de um rei de verdade. As palmas foram merecidas, parabéns!

"Puxa, como minha mãe prestou atenção! E tudo deu certo! Estou até com vontade de entrar para um grupo de teatro."

★

"É surpreendente como um processo tão simples pode ter efeitos tão profundos. Dia após dia, graças a essas pequenas descrições, nossos filhos aprenderão a avaliar o próprio potencial", concluem Faber e Mazlish.

Outra estratégia para estimular a autoconfiança das crianças é resumir em uma palavra o elogio merecido pelo trabalho ou pelo comportamento dos pequenos:

— Você separou seus lápis de cor, lápis de cera e canetas colocando-os em caixas separadas. Isso é o que eu chamo de **organização**.

— Puxa, Raquel, você comeu só um pedacinho de bolo apesar de gostar muito dele. É preciso muita **determinação**.

— Marcos, você disse que ia chegar às cinco horas e está aqui bem na hora. Que **pontualidade**!

— Filha, você ficou do lado do seu amigo mesmo quando as crianças tiraram sarro dele. Você sabe mesmo o que significa **lealdade**.

A crítica que não fere

Se, de um lado, temos o elogio que sufoca, de outro temos a crítica que ataca. Por isso, em vez de emitir julgamentos inúteis que criticam a personalidade da criança, devemos optar pela orientação. "Quando as coisas saem erradas, melhor lidar apenas com o acontecimento, não com a pessoa", sugere Ginott.

Portanto, em vez de apontar o que está errado, descreva aquilo que está certo e o que ainda falta ser feito. Voltemos à preparação para o piquenique na casa de Alice. Marina não acordou "inspirada divinamente" e, num passe de mágica, vestiu-se sozinha. Foi um processo. Aos poucos, ela foi sendo encorajada a tentar, tentar e tentar. Graças à mãe, que jamais disse algo como: "Olhe para você! Seu cabelo está despenteado. A blusa está do avesso. E quando vai aprender a amarrar o cadarço sozinha, hein?"

Ao contrário, Alice endossa as conquistas da filha e aponta o que ainda precisa melhorar: "Má, você está quase vestida. Blusa e saia combinando, meias. Só falta pentear o cabelo e calçar o tênis. Aí você estará prontinha".

A linguagem da empatia

A menina pedia ajuda naquilo que sentia dificuldade, mas ia em frente até conseguir atingir sua meta e deixar todos orgulhosos. Alicerçados no "criancês", os elogios descritivos e a orientação como alternativa à crítica incentivam a autonomia. Quando damos informação sem depreciar a personalidade da criança, estamos colaborando com o desenvolvimento da sua autoconfiança.

Ouvi em meu consultório um caso muito interessante para ilustrar essa situação. Lucas, filho de Patrícia, chegou em casa triste. O motivo era a prova de redação. Estampado em vermelho no alto da folha: "LETRA PÉSSIMA!"

"Dina, fiquei uma fera. Como é que essa professora podia desmerecer o trabalho de uma criança daquela maneira? Como ela pode pegar um detalhe e qualificar todo o esforço realizado pelo garoto?"

Patrícia estava transtornada a ponto de ir falar com a professora. Afinal, aquele não era um método educativo visando ao desenvolvimento intelectual de Lucas. Ela já sabia muito bem que a crítica causa ressentimento e dificulta a resolução de um problema. "Queria dizer a ela que, se queria resultados, devia começar levando em conta que ele já havia conseguido."

Porém, antes de falar com a professora, a mãe pegou lápis e papel e pediu ao Lucas que escrevesse o próprio nome. Sentiu vontade de fazer uma piadinha: "Pelo menos ele pode ser médico. Assinatura ilegível ele já tem". O fato era que o nome ali escrito era quase indecifrável. A professora tinha razão!

"Estudei a escrita até descobrir uma letra de aparência razoável. Então eu disse: 'Lucas, uma forma de ter uma letra mais limpa é fazer com que todas as letras fiquem na mesma linha. Veja este D que você fez aqui. É um bom exemplo'." O menino debruçou-se sobre o papel e, devagarzinho, formou as letras de novo. Estava um pouco melhor. "Que mais?", ele perguntava.

Patrícia ensinou outro truque que ajudava: "Faça todas as letras olharem para o mesmo lado". "Eu consigo fazer isso", alegrava-se Lucas. E fez... mais ou menos. Estava longe da perfeição, mas melhorou muito! E queria mais: "Vai mãe, mostra mais alguma coisa que eu possa fazer".

"O próximo passo é o mais difícil de todos. A gente tem de manter a mesma distância entre uma letra e outra." Ele se esforçava... "Tá certo, mamãe?", perguntou. Patrícia examinou o papel e passou a descrever: "Estou vendo espaços bem iguaizinhos entre as letras. Todas elas estão na mesma linha e a maioria delas está olhando para a mesma direção. Bom trabalho!" Contente com o resultado, Lucas declarava: "É verdade! Eu podia ter uma letra bem bonita, se eu quisesse. Quero praticar mais!"

Eu parabenizei essa mãe dizendo que ela havia dado ao Lucas a liberdade e os meios de ir em frente e melhorar a letra. De outro modo ele estaria empacado, paralisado diante das suas garatujas. Patrícia havia substituído aquela avaliação negativa por um pedido específico do que precisava ser mudado. "LETRA PÉSSIMA!" significava: "As letras precisam ser melhoradas". Sem avaliação de juízo. A ajuda foi imediata!

"Por trás de todas essas habilidades de uma comunicação preocupada, existe um profundo respeito pelas crianças", diz o dr. Ginott.

A linguagem da empatia

Para encerrar este capítulo tão importante, gostaria de contar uma história. Em um acampamento de férias, uma garotinha ouviu a cozinheira comentando com a monitora: "Essa menina é tão prestativa". Ao voltar para casa, correu ao dicionário e se encantou com o significado daquela palavra. A partir daí, ser prestativa, colaboradora, passou a ser um traço muito importante da sua personalidade. Muitas vezes, um elogio fica gravado, e a pessoa sente que pode ser uma criatura melhor pelo simples fato de ter escutado algo bom a seu respeito...

★

5 AUTONOMIA

*O que dá a medida de um bom pai,
de uma boa mãe, é aquilo que ele não
pretende fazer pelo filho.*
Haim Ginott

— César, o Rafael disse a que horas ia chegar da casa da sua irmã?

— Alice, se acalma... Se eu conheço bem nosso filho, ele vai querer aproveitar até o último instante com os primos.

— Eu estou ansiosa mesmo. É a primeira vez que ele fica tanto tempo fora de casa. Tá certo que é na casa da tia dele, mas mesmo assim...

— Mamãe, quando eu vou poder viajar sozinha como o Rafael?

— Meu bebê... Eu não ia aguentar se vocês dois me abandonassem.

— Por favor, Alice! As crianças precisam crescer. E o Rafael ficou fora só uma semana.

— Será que ele se comportou direitinho? Escovou os dentes? Foi educado?

— Você acha que se ele estivesse dando trabalho minha irmã não teria ligado? Acho que ele se saiu muito bem... Se virou um pouco sozinho, sem que a gente fizesse tudo por ele.

— É verdade, e a tia só elogiou o Rafa pelo telefone.

— Então...

Nesse momento, a campainha toca.

— Olha ele aí!

— Rafa, meu querido, que saudade! A mamãe estava com o coração apertado. Conta tudo! Você comeu direitinho? Se comportou? Do que vocês brincavam lá?

— Larga um pouco esse menino, Alice! Vem cá, filho! Dá um abraço no papai também!

— Oi, pai!

— Parece que você se deu muito bem com seus primos.

— É, nós nos divertimos bastante. Eu queria até ficar mais...

— Rafa, me dá suas roupas sujas que eu vou colocar na máquina.

— Espera um pouquinho, Alice. Minha irmã elogiou muito a organização do Rafael. Disse que, assim que chegou, ele desfez a mala e arrumou as roupas nas gavetas. Você não acha que ele mesmo pode cuidar disso agora?

— Quando a titia contou que você era responsável, não dava trabalho e ainda ajudava todo mundo, eu não acreditei. Esse não é o meu filho! Quando quer, você bem que consegue, né? – disse Alice.

A linguagem da empatia

— Bom, vamos parar com isso. Rafael, você prefere deixar a roupa suja no cesto do banheiro ou em cima da máquina de lavar roupa?

— Pode deixar, pai: eu me viro.

— Mas filhinho, espera um pouco… Conta pra mamãe tudo que vocês fizeram. Vocês foram à piscina? Você tomou cuidado? Seus primos sabem nadar melhor que você.

— Agora não estou com vontade de falar. Quero ir pro meu quarto. Pai, só não sei como guardar a mala em cima do armário. É alto.

— Tá. Você pode pegar a escadinha ou posso te ajudar. Você decide.

— Não, você vai cair, é perigoso – alarmou-se Alice.

— Por que lá na tia a gente podia ir comprar sorvete na padaria e aqui você não deixa nada, mãe? Lá eu fazia tanta coisa sozinho.

— É que a sua tia mora num bairro muito mais tranquilo que o nosso. Aqui você não pode sair sozinho de casa, não, mocinho.

★

Eu me lembro como se fosse hoje quando minha primeira filha nasceu. Tinha dúvidas sobre o que era melhor: a chupeta ou o dedo. "Você já perguntou o que ela prefere?", disse o pediatra. Tirando a brincadeira, aprendi com aquele médico que nunca é cedo demais para encorajarmos a autonomia de nossos filhos.

Um dia na vida de uma criança está repleto de situações em que podemos incentivar sua autonomia ou mantê-la dependente. "Mas o que há de mal em desfazer a mala do meu filho que chegou de viagem? Boas mães não fazem isso para seus filhos?", pergunta Alice. É com a melhor das intenções que os pais querem ajudar e proteger as crianças dos dissabores da vida. Afinal, viver é perigoso. No entanto, quando intercedem pelos filhos, estão negando a eles o direito e o prazer de fazer por si.

Já sabemos que Rafael se comportou bem na casa dos tios e até recebeu elogios por sua organização. Então, por que não deixá-lo cuidar de seus pertences? Quando permitimos que um filho assuma um dever por conta própria, transmitimos a ideia de que acreditamos que ele é capaz. Do contrário, reforçaremos a ideia de que "você precisa da mamãe, não pode se cuidar sozinho". São atitudes simples e inocentes como essa que podem fazer seu filho sentir-se desvalido e dependente, e tudo "em nome do amor".

Quer prova de amor maior do que deixar uma criança usar a própria força para viver e experimentar a vida? Sei que o medo de que o mundo "lá fora" frustre nossos filhos é muito grande. Porém, as frustrações são inevitáveis, e temos de prepará-los para isso.

Criar uma redoma protetora impedindo que errem não fará bem a quem precisa alcançar autonomia. A hora de errar é agora, quando ainda estão sob nossa tutela. Não é assim que os trapezistas aprendem? Eles arriscam saltos incríveis porque sabem que há uma rede de proteção. Da mesma forma, nossos filhos podem arriscar seus primeiros saltos sozinhos porque estamos ali para suavizar o impacto

A linguagem da empatia

da queda e encorajá-los a tentar de novo. Cada tropeço é uma lição aprendida para que, no futuro, eles possam ser verdadeiros acrobatas, fortes e corajosos, preparados para enfrentar sozinhos os desafios da vida adulta.

"Uma de nossas metas mais importantes é ajudar nossos filhos a se separar de nós", diz o dr. Ginott. Sei que essa separação é difícil. Uma mãe desabafou certa vez: "Dina, não estou preparada para ajudar meu filho a viver sem mim. Não suporto a ideia de me tornar dispensável a ele". Deixá-los ir: é um milagre que algum pai ou mãe consiga fazer isso sem sofrer.

Pais e mães controladores têm mais dificuldade de incentivar a autonomia dos filhos. Alice, por exemplo, parece um sargento tentando cercar Rafael. Segundo Rosely Sayão, "quem controla não ensina a viver almejando a autonomia, não aceita a ideia de independência e não contempla o conceito de liberdade". São palavras fortes, mas muito reais. Imagine como se sente um filho que vivencia o controle excessivo como cerceio à sua liberdade e independência.

Para entender melhor o que estou dizendo, suponha que o seu chefe se saísse com essa: "Vou lhe dizer algo para o seu bem. Pare de dar sugestões para melhorar as coisas aqui dentro. Faça somente o seu trabalho. Eu não lhe pago para ter ideias, somente para trabalhar". Provavelmente você se sentiria uma nulidade, cheio de ressentimento, frustração e raiva. Portanto, preste atenção: você pode estar agindo assim com seu filho.

Como vimos até aqui, existem ferramentas bastante úteis para tornar mais construtiva a comunicação entre pais e filhos. Para que as crianças desenvolvam responsabilidades, precisamos impulsionar gradativamente sua autonomia. Como? Deixando que assumam tarefas, que cuidem dos seus pertences, que lutem por si para se ver livres dos problemas. Enfim, que aprendam com seus próprios erros e esforços.

Habilidades específicas para incentivar a autonomia

A viagem parece ter sido muito boa para Rafael. Além de ter se divertido bastante com os primos, ele conseguiu se virar, superando as dificuldades de estar sozinho pela primeira vez. Com certeza o menino experimentou uma deliciosa sensação de liberdade quando se viu capaz de se cuidar sem depender do outro.

Em nosso exemplo, outra pessoa que merece os parabéns é César. Ele estava contente por essa vitória do filho. Se Rafael mostrou responsabilidade para zelar por seus pertences na casa dos tios, agora ele precisa de mais incentivo para continuar exercendo a autonomia recém-conquistada. E, para encorajá-lo, César age com muita sabedoria: "Rafael, você prefere deixar a roupa suja no cesto do banheiro ou em cima da máquina de lavar roupa?"

Cada pequena escolha representa mais uma oportunidade de a criança exercer algum controle sobre a própria vida. Essa é a primeira das habilidades específicas que podem ajudar a criança a confiar em si mais do que em nós:

A linguagem da empatia

Deixe seu filho fazer escolhas

Como uma imagem vale por mil palavras, vamos a uma dramatização:

••• *Mãe 1* •••

— Filho, acorda, tá na hora de ir pra escola.
(passam-se 31 minutos)
— Você ainda não se levantou? Assim vai perder o ônibus da escola.
(um pouquinho depois)
— Vai, filho, acorda. Vou acender a luz!
(dois segundos depois)
— Quantas vezes eu preciso dizer que essa luta para você levantar é um absurdo? Eu também vou chegar atrasada ao trabalho por sua culpa!

••• *Mãe 2* •••

— Filho, bom dia, 8 horas. Você quer levantar agora ou daqui a 5 minutos?

Ofereça alternativas de como algo deve ser feito e basta! Você não vai se atrasar por causa do dorminhoco – e, se por acaso ele perder o ônibus do colégio, terá de enfrentar as consequências. Se perder a aula, ele vai ter de correr atrás do prejuízo e pedir para os amigos que lhe passem a matéria dada. Se ele arrumar um jeito de ir à escola, mesmo atrasado, uma bronca da professora acabará funcionando melhor do que as suas súplicas matinais para que ele se levante na hora certa. A lição sobre causa e efeito se ensina dessa maneira e quando os filhos ainda são crianças. Vamos voltar ao nosso exemplo:

... Mãe 2 ...
(à noite)

— Filho, você precisa acordar amanhã antes das 8 horas. Como você está pensando em resolver isso? Prefere colocar o despertador ou tem outra solução?

A aprendizagem tem mais valor quando a criança participa da resolução de um problema. Suas saídas são sempre muito criativas. As escolhas dão aos pequenos uma prática valiosa em tomar decisões.

Vale para todas as ocasiões:

— O que é melhor para você: fazer a lição de casa antes de tomar banho ou depois?

— Filha, não quero ter de lembrá-la toda terça-feira da sua aula de inglês. O que você pode fazer para não esquecer mais?

— Nós vamos embora daqui a cinco minutos. Você prefere ir mais uma vez no escorregador ou no balanço?

— Você prefere a calça jeans ou a de moletom?

— Filho, você quer o pão torrado ou não?

A linguagem da empatia

Com isso, transmitimos a seguinte mensagem à criança: "Existem várias opções e cabe a você escolher". Essa regra vale até mesmo num momento de briga, como me contou uma mãe. "A hora do banho era sempre um terror. Muita manha e choro. Até que me lembrei de dar opções.

—Você vai vir por bem ou por mal?

— Nem por bem, nem por mal!

— Então você quer que eu te puxe pela orelha ou pelo braço? – mudando a voz, na brincadeira.

Nesse momento tenso, eu lhe estendi a mão e ele se surpreendeu: 'Não precisa ser pelo mal, eu posso cooperar'."

A mãe saiu de um canal agressivo para um menos violento. Essa é a diferença entre guerra e paz. Não precisamos de tanta dinamite no nosso dia a dia.

Uma segunda habilidade específica para incentivar a autonomia é:

Demonstre respeito pelo esforço da criança

Do ponto de vista da criança inexperiente, tudo que ela vá fazer sozinha terá uma dificuldade. Portanto, evite as expressões "isso é fácil" ou "isso pode ser difícil para você". É ela quem está experimentando a novidade. Nossas impressões de adulto só a confundem.

"O filho é mais estimulado quando sabe que as dificuldades são compreendidas", diz Ginott. O respeito o encoraja a realizar a tarefa sozinho. Portanto:

Dina Azrak

EM VEZ DE...	OPTE POR...
Dê o vidro pra mim. Você não vai conseguir abrir.	É difícil abrir o vidro de geleia. Às vezes, ajuda dar umas batidinhas na tampa com a colher.
Por que você está demorando tanto?	Para amarrar os cadarços é preciso muita habilidade. O que você acha de começar de novo?
Andar de bicicleta é fácil. Todo mundo consegue.	No começo, é difícil andar de bicicleta sem rodinhas. É preciso muito equilíbrio. Vamos tentar só com uma rodinha?

    É comum que os pequenos sintam dificuldade para se vestir quando começamos a dar essa autonomia. É normal ouvir: "Preciso de ajuda, não consigo sozinho". Sugiro que a resposta seja: "Filho, você consegue a camiseta ou o short?" Ele contará qual é a dificuldade: "A camiseta eu consigo. O short é que não dá". Nesse ponto, ofereça informação, dê algumas dicas: "O short fica mais fácil quando a gente vira a etiqueta para o lado de trás". É importante permitir à criança experiências de sucesso para que continue arriscando. **Lembre-se: a eficiência é inimiga da infância.**

    Porém, não vale fazer pela criança aquilo que ela já consegue sozinha.

A linguagem da empatia

Antes de passarmos para outra habilidade, vamos recordar o que aconteceu assim que Rafael pisou em casa. Alice estava eufórica! Parecia uma metralhadora disparando perguntas ao garoto. É preciso se conter e deixar que o filho diga o que achar que seja importante, então:

Não faça muitas perguntas

Normalmente, quando os pais param de perguntar, as crianças começam a falar. "Oi, Rafa! Que bom te ver!", teria sido muito melhor. Acompanhado de um abraço, claro!

O excesso de perguntas pode ser percebido como uma invasão à privacidade. Um exemplo clássico acontece quando a filha (ou o filho) adolescente volta de uma festa: "E aí?? Como estava a festa? Tinha bebida? Já disse que você não tem idade para beber! Quem estava com você? Afinal, você se divertiu ou não?"

É óbvio que ela vai se esquivar da mãe e dizer "me deixa em paz!" Vai virar as costas sem dizer mais nada. É impossível absorver cada pedacinho da vida dos nossos filhos. É preciso deixá-los livres. Quando estiverem prontos, eles vão se abrir.

A volta da escola também é um momento em que pais e filhos travam diálogos desgastados:

— Como foi seu dia?
— Tudo bem.
— Fez algo divertido?
— Nada...
— Mas você precisa dizer alguma coisa!

Ainda sobra para a criança o sentimento de culpa... Antes de mais nada, perceba seu filho, observe. O corpo fala. Ele está com raiva? Cansado? Triste?

Em caso afirmativo, tente o seguinte: "Parece que o seu dia não foi dos melhores". A criança perceberá que você compreende sua aflição. A empatia abre o canal da comunicação e a conversa flui.

A próxima habilidade é especial para os que têm filhos curiosos, que perguntam tudo. Quando seu filho questiona por que o céu é azul, você já se adianta fazendo uma preleção sobre os efeitos da refração da luz solar na atmosfera da Terra? Calma, não se apresse em dar respostas. O processo de busca da resposta é tão importante quanto encontrá-la. A criança merece a chance de explorar explicações por si mesma:

— Pai, de onde vem a chuva?

— Que pergunta interessante! O que você acha?

O mistério excita a curiosidade e faz pensar. Ao contrário, se dermos sempre a resposta correta – "Bem, a chuva é causada pela condensação da água que evapora" –, sem perceber criaremos um padrão: "Todas as respostas para minhas dúvidas vêm do papai ou da mamãe". Assim, é importante estimular a criança a encontrar respostas próprias. Falaremos melhor dessa questão na próxima habilidade. Vamos continuar com mais um exemplo:

— Não gosto de ir na casa da vovó! Por que temos que ir lá todo domingo?

— Puxa, estou vendo que você fica bem emburrada por ter que ir na vovó.

A linguagem da empatia

Ou você pode ter uma amnésia repentina e esquecer completamente o "criancês":

— Temos de ir lá porque ela é sua avó, e pronto! Como você pode dizer uma coisa dessas?

Todas as habilidades aprendidas desde o primeiro capítulo do livro ajudam a criança a ver-se como um ser competente, responsável, independente. Aceitar os sentimentos da criança e convidá-la a solucionar problemas também são atitudes úteis para encorajar a autoconfiança.

Muitas vezes, os filhos pedem aos pais ajuda com a lição de casa. No fundo, eles procuram respostas prontas. Mas, evidentemente, fazer a tarefa por eles só vai atrapalhar o aprendizado. Nesse momento, o ideal é demonstrar o seu sentimento e orientá-lo:

— Olha, eu não gosto de fazer por você. Por que você acha que não está dando certo?

— Não sei...

— Vamos lembrar: a semana passada você fez uma pesquisa de geografia, não é?

— Hã-hã... Pensei que ia ser igual. Eu entrei na internet e consegui a informação que precisava. Desta vez eu fiz a mesma coisa, só que não encontrei nenhum material.

— E você não pode procurar na biblioteca?

— Sim, eu fui lá. Mas meu amigo já tinha tirado o livro que eu precisava.

— Ah, então você está me contando que não consegue fazer a pesquisa por falta de material?

— É!

— Hum... e como você pode resolver isso?

— Posso ligar para o meu amigo e perguntar se ele se importa de fazer a pesquisa comigo.

— Acho que você encontrou a solução.

Isso é acompanhar seu filho para que ele sempre dê um passo adiante, com os próprios pés.

Vamos para a quinta habilidade específica:

Incentive as crianças a procurar respostas fora de casa

O mundo lá fora está repleto de fontes de saber. Da loja de animais ao dentista, todos podem contribuir na busca das respostas de nossos filhos, além dos pais. A mãe de um garotinho muito curioso me contou que já havia feito de tudo para evitar que ele entrasse na cozinha quando ela estava com o fogo aceso. As crianças são rápidas, num piscar de olhos um acidente pode acontecer. Até que um dia os bombeiros visitaram a escola do menino. Na manhã seguinte, quando a mãe preparava o almoço, ele parou na entrada da cozinha e disse: "Sabia que esta é a distância segura para uma criança ficar do fogão?" A informação vinda de fora, dada por um especialista, teve impacto muito maior no filho do que as recomendações da mãe. Justamente porque foi aprendido lá fora.

O que dizer a uma menina quando ela se queixa que está engordando e precisa fazer uma dieta? Em vez de brigar toda vez que ela "assalta" a geladeira em busca de um doce, sugira que ela consulte um especialista:

A linguagem da empatia

— Você já pensou em ir a um endocrinologista? Ou, quem sabe, a uma nutricionista?

O cachorrinho do seu filho está espirrando? Não diga: "Isso não é nada". Essa é uma ótima oportunidade para seu filho exercer a responsabilidade de cuidar do bichinho: "Hum... o que você acha de levá-lo ao veterinário?

"De algum modo, todas essas fontes externas são mais efetivas que um sem-número de conversas da mãe ou do pai", esclarecem Faber e Mazlish. Há não muito tempo, as competências de um adulto maduro eram aprendidas em um convívio social que começava na família e ia se expandindo para os parentes, a vizinhança, o bairro... o mundo. Hoje, os pais têm a tarefa de fazer aquilo que cabia a uma comunidade: instrumentalizar a criança. E esse é um grande desafio.

No entanto, não faltam casos de crianças com a autonomia perfeitamente desenvolvida. Aqui está um deles: a mãe de um garotinho me contou que ele estava bravo com a turminha da escola: "Ficam implicando comigo porque eu troco as letras!" Ela já havia percebido o problema antes e consultado uma fonoaudióloga, que recomendou que o menino completasse 5 anos para iniciar algum tratamento. Qual não foi a surpresa dessa mãe quando o menino disse: "*Você* se lembra daquela fono? Então, eu quero ir nela!" Quanta iniciativa! E como a mãe não achava mais o telefone da especialista, ele mesmo se prontificou: "Pode deixar, ma mãe, eu mesmo peço para a professora". Isso é autonomia.

Seguindo esse exemplo delicioso, conheço um dentista que tem alguns pacientes mirins muito espertinhos. "Eles combinam horários e honorários diretamente comigo, sem a intervenção dos pais." E o que ele observa nessas crianças é a responsabilidade muito maior com os cuidados dos dentes do que aquelas intermediadas por um adulto.

Última habilidade para incentivar a autonomia:

Não lhes tire as esperanças

Com a palavra, o dr. Ginott: "Os pais querem tanto que seus filhos sejam felizes, que muitas vezes os privam das experiências do desapontamento, da frustração e da dor".

Eu gostaria de conseguir mostrar aos pais que o sofrimento pode promover crescimento, que a luta pode fortalecer a personalidade. As crianças só aprendem a tolerar uma frustração quando os pais permitem que elas se frustrem, sem superprotegê-las.

Imaginemos a seguinte situação: Marcelo, visto como tímido pela família, resolveu se candidatar ao papel principal no teatro da festa de fim de ano da escola. Ele faria o personagem central, um italiano. Como era descendente, resolveu aceitar o desafio, mas antes decidiu consultar seu *nònno* e aprender algumas palavras no dialeto. Os pais ficaram com o pé atrás porque sabiam quanto seria difícil. Entretanto, perceberam que era importante deixar o filho passar por essa experiência.

— Puxa, filho, então você está pensando em fazer o papel do italiano na peça?

— É! O *nònno* vai me contar umas histórias e me emprestar o boné!

A linguagem da empatia

No fim de semana, Marcelo passou por uma "imersão" em italiano com o avô para, na segunda-feira, fazer bonito na seleção dos personagens. E não é que ele fez um sucesso louco na escola? Porém... Não ficou com o papel principal. Mas nem tudo estava perdido: criaram um segundo personagem italiano, que ele interpretaria. Apesar do papel secundário, o menino ficou muito contente de participar pela primeira vez da peça do colégio.

E se desse tudo errado e nem o papel coadjuvante ele tivesse levado? Bem, ele poderia continuar na peça como um figurante sabendo que havia tentado. Ficaria triste, mas teria a solidariedade dos pais e do *nònno*.

O medo da derrota não pode ser motivo para boicotar as esperanças dos filhos. Elas vão acontecer, é natural. E cada vez que uma criança supera um obstáculo, o seu nível de tolerância à frustração aumenta.

Utilize o vocabulário da criança para passar essa lição importante: "É difícil aguentar, esperar, é chato quando a gente quer alguma coisa e não tem".

Mas o que vai fazer diferença, na verdade, é ser um modelo de nível de tolerância à frustração. Podemos, por exemplo, falar das coisas que nos afligem no trabalho:

Hoje recebi a notícia de que vou ter de viajar a trabalho e ficar uma semana fora. E não vai ter outro jeito. Mas vou aguentar essa frustração. Minha vontade agora é ficar xingando meu chefe, reclamando do meu emprego. Mas eu escolho enfrentar isso de uma vez.

Penso que está claro que autonomia e frustração andam juntas no processo de amadurecimento. Ao dar aos nossos filhos autonomia, permitimos que eles se frustrem e aprendam com seus erros. Seu nível de tolerância aumenta, e eles entram na idade adulta maduros, com mais autocontrole, menos impulsividade, sabendo escolher o que realmente querem e assumindo mais responsabilidades perante os desafios da vida.

Voltando à nossa família-exemplo, César fez Alice perceber que estava muito "em cima" do Rafael. A mãe, então, o deixou mais à vontade. Quando todos estavam mais calmos, o menino apareceu na sala cheio de vontade de conversar:

— Vocês não sabem! A gente fez até pizza!

— É? Mas como? – perguntou Alice.

— No forno de pizza, oras!

— Conta mais – pediu Marina.

— Então. Eles me ensinaram como é que fazia tudo: primeiro tinha que acender o forno, depois a gente fazia a massa e pronto!

— Quem acendeu o fogo? Não foi você, né?

— Claro que foi, mãe!

— E você tomou cuidado?

— Sim. A gente lembrou de deixar o álcool bem longe. Mas isso não é nada! O que eu gostei mais foi de fazer a massa!

— Poxa, filhão… Você vai ensinar para o pai?

— Pode ser, mas faz muita sujeira. A tia forrou a mesa para a gente primeiro. Depois, botamos a mão na massa!

— E as coberturas? – indagou César.

— A gente também que preparou. Eu abri a lata de milho. A prima cortou cebola. O primo separou o queijo. Aí a

A linguagem da empatia

gente esperou a massa crescer e o forno estar bem quentinho. Nessa hora o tio ajudou, porque é difícil fazer o disco da pizza, precisa habilidade.

— Mas você nem tentou? – César quis saber.

— Claro que sim, só que saiu muito torto... E nessa hora eu já estava com fome, queria pôr as pizzas no forno.

—Você estava bem entusiasmado, hein? – brincou Alice.

— Hã-hã... E aí, depois de preparar cada pizza, tinha que colocar no forno. E primeiro tinha que usar a pá de madeira, porque a massa estava crua.

— Não vai dizer que você também ajudou nessa hora? – perguntou a mãe.

— Não, eu só tirava as pizzas quando estavam prontas. E era super-rápido! Aí era com a pá de metal. E o melhor de tudo: estavam uma delícia! Ah, também teve pizza doce!

— Puxa! Que legal! Tinha de brigadeiro? – Marina já estava com água na boca.

— Não. Mas tinha de banana, açúcar e canela e de doce de leite. Mas nessa hora a gente queimou algumas até descobrir que precisava pré-assar a massa antes de pôr o recheio doce.

— Sabia que nem tudo podia dar tão certo – comentou Marina.

— É... mas pelo menos ninguém disse pra gente: "Deixa que eu faço, você não sabe, assim é melhor..." – disse Rafael, imitando a mãe e rindo.

Ao que uma Alice sorridente respondeu:

— Tá certo, Rafinha, você me convenceu. Acho que posso confiar mais em você.

6 RÓTULOS

> *Tratamos a criança como se ela já fosse a pessoa que gostaríamos que ela viesse a ser.*
> **Haim Ginott**

— Oi, minha gatinha linda! Vamos para casa? Temos que começar a preparar sua festa, lembra?

— Alice, tem alguém que não está muito animada com o aniversário...

— É mesmo, professora? Mas que coisa... porque eu ouvi dizer que será uma superfesta! A Marina entregou o seu convite?

— Claro, domingo estarei lá, podem me esperar.

A menina não esboçou reação nem reagiu à sacolona de compras a seu lado.

— Má, você não está curiosa para ver o que tem nessa sacola enorme?

— Eu não quero mais essa droga de festa.

— Ah, que coisa feia de dizer para a mamãe...

— Eu quero no bufê, naquele que tem montanha-russa!

— Filha, eu e o papai já explicamos que este ano nós não podemos fazer seu aniversário no bufê infantil. Vai ser no salão do prédio e nós vamos decorá-lo bem bonito.

— Todas as minhas amigas fazem festa em bufê. Menos eu! Isso não é justo. Você não gosta de mim!

— Marina, por que você está agindo assim? Não é justo com a mamãe. Sabe, eu saí mais cedo do trabalho só para comprar um monte de enfeites bonitos e assim deixar a sua festa linda.

Ao chegar em casa, Marina chegou a dar uma espiada na sacola, mas continuou emburrada.

— Chegamos! César? Rafael? Onde estão os homens desta casa?

— Olha quem chegou! A princesinha do papai que vai fazer 7 anos.

— Ih, César, sua princesa acha que não somos capazes de fazer uma festa melhor que a do bufê...

— E não são mesmo! Com esses enfeites bregas aí, até parece que vai ficar legal...

— O quê? Marina, você nem sequer foi capaz de olhar direito o que eu comprei.

A menina abriu a sacola e começou a mexer nos itens de decoração.

— Os balões são cor-de-rosa. Rosa, mãe!

— Puxa! Cometi algum crime por comprar balões cor-de-rosa?

— Eu disse que queria tudo lilás!

A linguagem da empatia

— E você acha que eu esqueci disso? Acontece que a loja não tinha balões dessa cor.

— Tá! Então você vai em outra loja. Não quero rosa!

— Talvez a gente possa ir atrás dos seus balões amanhã. O que você acha, César?

— Marina, precisa ficar assim tão mal-humorada só por causa da cor dos balões? O papai está vendo umas coisas bem bonitas aí dentro...

A menina tirou da sacola, a contragosto, vários desenhos emborrachados.

— As princesas que eu queria não são assim. Esses desenhos estão muito bregas.

— Marina, você está passando dos limites! A moça da loja disse que os bufês fazem a decoração exatamente com esses enfeites.

— E você acreditou? As princesas que eu gosto não são essas! Quero que você troque isso tudo!

— Marina, você é mandona demais!

— Ei! Vocês podem falar mais baixo? Estou tentando estudar!

— Ah, Rafael, me poupe. Agora você vai querer jogar a culpa em nós por ser mau aluno. Nós não deixamos você estudar, né? Teve a tarde toda para pegar nos livros...

— Sua mãe tem razão. Quando eu cheguei do trabalho você estava jogando videogame – disse o pai.

— Mas foi só para relaxar...

— Mocinho, nós já tivemos uma conversa séria sobre o seu estudo e até tínhamos chegado a um acordo, você se lembra?

Dina Azrak

— Sim, sobre a lição de casa. Mas não consigo resolver aquelas equações de segundo grau. E a professora não está nem aí para quem tem dificuldade.

— Alice, talvez ele esteja precisando de um reforço em matemática, de umas aulas particulares.

— Ah, César! Eu aposto que o Rafael fica conversando durante a aula e perde as explicações da professora. Ele é do tipo bagunceiro, sabemos disso...

— Pensei que a gente estava falando da minha festa de aniversário!

— Marina! Você acha que é o centro do universo? Não é mesmo. Como pode ser tão grossa com sua mãe?

— Alice, tenha calma. De uma coisa estou certo: não vou trocar balão nenhum para satisfazer as exigências dessa menina mimada.

★

Nós conhecemos a Alice e o César há algum tempo e sabemos que eles não têm sangue azul. No entanto, parece que convivem com uma princesinha muito exigente e mandona. É o caso de perguntar aos nossos aristocratas de plantão: quem concedeu esse "título de nobreza" à pequena Marina?

Desconhece-se a data exata em que seu reinado teve início, mas desconfio que já dure sete anos. No princípio, era apenas birra, daquele tipo que todo bebê sabe fazer muito bem ao reagir diante do que o desagrada. É a sua reação diante de uma frustração. Algo inato, instintivo. Afinal, ele acredita ser o centro do universo e que basta chorar para

A linguagem da empatia

alguém resolver seu problema. Sua dependência do outro, do adulto, ainda não é percebida.

A Marina, no entanto, tem idade suficiente para saber que precisa dos pais e ainda depende muito deles, porém refuta essa situação, insistindo na crença de poder tudo. A menina poderosa percebeu que a mamãe realiza todos os seus desejos como uma fada madrinha: basta chorar como um bebê. E se a coisa engrossa e esse *modus operandi* não funciona de imediato, ela parte para uma ofensiva direta, repleta de maus modos e ordens: "Eu quero!"

A vida dos pais não está nada fácil, sabemos todos. A carga de compromissos, responsabilidades e estresse pesa no cotidiano da família. A maioria das mães desdobra-se em jornadas triplas de trabalho estafante, fora e dentro de casa. Quase como consequência desse viver insano, quando desfrutam (enfim!) de raros momentos de serenidade em família, os pais tendem a ser mais permissivos ante comportamentos inaceitáveis dos filhos. Foi isso que aconteceu com Marina: foi alçada à categoria dos aristocratas e coroada princesa. Agora ela "interpreta" o papel de nobre mandona.

Interpreta? Sim. Posso dizer seguramente que a autoimagem da criança é moldada segundo as impressões de seus pais. Em outras palavras, os filhos assumem os papéis que os pais lhes atribuem. Como é que Alice e César enxergam a filha? Como "a mimada", "a mandona". Esses rótulos são uma verdadeira camisa de força para a menina, que se vê aprisionada nesse papel. Ela se comporta como tal porque é assim que seus pais a veem. E seu irmão Rafael, "o bagunceiro"? Também não terá muitas chances de mudar de comportamento, "a menos que alguém, em alguma época, o veja de forma diferente", afirma o dr. Ginott.

Em relação a essa questão, ele é categórico: "Rotular a criança pode ser destrutivo, mesmo que por brincadeira". Quem é que na infância não ouviu algo assim: "Mas você tem a mão furada, mesmo. Que estabanada!" Parece algo ingênuo, quase inofensivo, mas não é. Uma amiga minha ainda treme quando precisa fazer uma tarefa que exige um pouco mais de destreza. Tudo porque, quando pequena, deixou cair o pó de café no chão da cozinha. A partir desse episódio seu nome virou sinônimo de desajeitada, minando sua confiança até hoje. Conheço muitos casos de adultos inseguros, com autoestima baixa, porque na infância foram estigmatizados como "o lento", "a incapaz" ou "o irresponsável". As palavras têm poder.

Qual mensagem estamos transmitindo quando usamos qualquer adjetivo que qualifica? Essa é uma pergunta que os pais devem fazer a si mesmos. "Uma criança não pode discordar das verdadeiras expectativas dos pais. Se nossas expectativas são baixas, podemos ter certeza de que as aspirações do nosso filho o serão também", explica Ginott. Mas cuidado: nem só as depreciações têm efeitos indesejados. Os elogios exagerados também podem conduzir a situações angustiantes.

Gostaria de contar um caso interessante. A mãe de um adolescente se queixava: "Ele sempre escreveu maravilhosamente bem. Tem esmero com as palavras, é tão perfeccionista! Não entendo essa dificuldade com a redação para o vestibular." Quando conversei com o garoto, percebi que

A linguagem da empatia

os elogios eloquentes haviam elevado seu grau de exigência a um nível insuportável. Resultado: ele agora simplesmente travava por medo de não escrever algo à altura de um Machado de Assis.

Mas, afinal, como podemos interferir adequada e positivamente na autoimagem da criança? A resposta é simples e, ao mesmo tempo, complicada: basta ser um exemplo adulto daquilo que gostaríamos que ela viesse a ser. Complicada porque a "desrotulação" leva tempo. Não pense que sua princesa vai descer rapidamente do trono para entrar no reino das pessoas generosas. Ou que, num passe de mágica, a ansiedade do seu Machado de Assis baixará e ele voltará a escrever. Esses papéis foram sendo alimentados por anos, e será necessário um tempo para que a criança mude a forma como se vê. Vamos a algumas dicas interessantes e poderosas para ajudar nesse processo.

Se o rótulo do seu filho for descuidado, você precisa fortalecer nele a capacidade de ser cuidadoso. Então, dê um...

Flagra

Mostre a ele, sinalize quando "interpretar uma cena" diferente do seu papel. "Valeu, filho! Você guardou na carteira o dinheiro que ganhou no aniversário." O flagra é uma oportunidade de revelar a ele uma nova imagem de si mesmo e, com o tempo, estimular sua mudança de comportamento.

Sua filha é destruidora? Flagra nela: "Puxa, você tem esse brinquedo há tantos anos e ele parece novo. Parabéns pelo cuidado".

E para um garoto reclamão: "Gostei da maneira como disse querer seu sanduíche. Não precisou reclamar". Vamos passar para uma criança desastrada, como a minha amiga que cresceu insegura. O que fazer? A dica é deixar que ela passe pelo...

Enfrentamento

Incentive-a com situações que exijam mais atenção. À medida que ela for perdendo o medo de errar, vencerá o rótulo de desajeitada. "Filha, por favor, traga o vaso de cristal para a mamãe." Afinal de contas, o que é mais precioso: a confiança de sua filha ou um vaso de cristal?

O seu filho é irresponsável? Que tal incumbi-lo de uma tarefa importante? "Filho, amanhã a mamãe vai sair de casa antes de a perua escolar chegar. Então, você vai trancar a porta de casa e levar a chave." Pode ser que não dê certo, é verdade. Mas as crianças precisam sempre de mais uma chance. Lembre-se: eficiência não combina com infância. E que tal um exercício de generosidade para uma garotinha que tem se revelado egoísta? "Luiza, por favor, divida essas balas com seus irmãos para que todos fiquem satisfeitos."

A próxima dica é a do...

Telefone sem fio

Deixe seu filho escutar (sem querer) algo bom sobre ele. Lembram-se da festa da Marina? Pois bem, é claro que aconteceu e foi um sucesso. Na segunda-feira, Alice tinha

A linguagem da empatia

uma pilha de pratos e copos para guardar, mas ela contou com a ajuda de Rafael, que é tido como preguiçoso em casa. Quando acabaram a arrumação, Alice ligou para César e, fazendo de conta que o filhote não ouvia, o elogiou: "Amor, hoje aconteceu uma coisa bem legal. Sabe quem me ajudou a guardar toda a louça da festa de ontem? O Rafa. Puxa, eu estaria lá até agora se não fosse a ajuda dele".

Um pai me contou que certa vez, levando o filho nervosinho ao colégio, o pneu do carro furou. Ele já esperava algum ataque furioso do garoto quando o menino se dispôs a ajudar na troca do pneu. Quando terminaram o serviço, o pai ligou do celular para a mulher: "Tivemos um contratempo, mas o nosso filho manteve a calma e me ajudou!"

Esses "truques" reforçam para a criança que seus pais a enxergam além dos rótulos, livrando-a dos papéis indesejados de conduta. A quarta dica antirrótulos é bastante intuitiva. Seja um...

Escultor

Modele o comportamento que você gostaria de ver em seu filho. Não se limite a dar o bom exemplo, converse sobre isso. "Que preguiça me dá arrumar o armário... Mas sei que depois vai ser mais fácil encontrar minhas roupas." Uma filha bagunceira que ouve a mãe dizer que não gosta de arrumar o armário, mas, mesmo assim, o faz pode mudar rapidamente de comportamento.

"Filho, queria dormir até umas 10 horas e depois tomar um café daqueles, com direito até a ovos mexidos, mas não vai dar. Preciso sair correndo. Não são nem 7 da manhã e já estou atrasado para o trabalho." Esse pai está mostrando ao filho dorminhoco que ele também vive o dilema de "estar a fim de" e "precisar fazer". O exemplo do pai ensina uma grande lição para a vida: tenho vontade ou força de vontade?

Agora, imagine que seu filho entre em casa triste porque os amigos o chamaram de chorão. Você pode relembrar os melhores momentos da vida dele no...

Vale a pena ouvir de novo

Acione a memória para relembrar uma ocasião que seu filho foi bem corajoso: "Puxa, que estranho! Não vi nada disso quando você foi tomar vacina. Mostrou o braço para o médico, muito valente".

Atualmente, vivemos uma epidemia de crianças "hiperativas". Basta que a criança esteja um pouco mais agitada para baterem o carimbo e sentenciarem o diagnóstico. Aconteceu com uma garotinha: "Mamãe, a professora disse que eu preciso ir ao médico porque sou hiperativa". A mãe então se lembrou do fim de semana em que a menina ficou brincando por horas com seus bloquinhos de madeira: "Você se lembra do tamanho da torre que construiu com seus bloquinhos? O papai até ficou surpreso. Ninguém com a capacidade de concentração para construir uma torre tão alta pode sofrer de hiperatividade, minha filha".

No entanto, apesar de todas essas dicas, seu filho pode ainda se comportar de acordo com os velhos padrões. Nada é perfeito. Nessa hora ponha as...

Cartas na mesa

Exponha seus sentimentos e expectativas para um filho que insiste em ser o valentão: "Não gosto desse seu comportamento. Espero que você aprenda a discutir com argumentação e não através da força bruta". Quando Marina começou aquele show por causa dos balões, em vez de reagir e deixar que a garota azedasse o humor de toda a família, teria sido mais efetivo agir com firmeza: "Filha, esse jeito de falar incomoda seu pai e sua mãe. Podemos conversar num outro tom, menos agressivo?" Com o garoto destruidor é preciso impor os limites do mau comportamento, e rápido: "Não gostei! O seu videogame custou caro e espero que ele dure por muito tempo. Não pretendo comprar outro tão cedo".

É difícil ajudar uma criança a se ver de forma diferente? O segredo está mais uma vez na paciência. Quando os filhos se comportam de maneira indesejável precisamos de muita serenidade para não "vibrar" na mesma frequência deles e sair gritando: "De novo você com isso!" O autocontrole é imprescindível para não reforçarmos os rótulos e as condutas lastimáveis. É preciso desenvolver consciência daquilo que sai da nossa boca. Palavras alimentam a alma, são nutrição para quem escuta.

Tenho uma notícia boa: para acabar com o "teatro" de costumes viciados, é possível utilizar todas as habilidades aprendidas nos outros capítulos: aceitar os sentimentos das crianças; morder a língua; ser assertivo; resolver problemas sem violência; e incentivar a autonomia. Vamos usar como exemplo o menino preguiçoso que nunca levanta na hora:

ACEITAR SENTIMENTOS
— Puxa não é fácil levantar da cama de manhã, principalmente quando esta frio. Dá uma vontade de ficar nessa cama quentinha...

MORDA A LÍNGUA
— Sete horas!

SEJA ASSERTIVO
— Não gosto de ficar chamando você. Espero que encontre um jeito de se levantar da cama sem a minha ajuda.

RESOLUÇÃO DE PROBLEMAS
— Temos um problema. Não gosto de lhe dar bronca toda manhã, porque eu também fico irritada. Fora isso, você não deve chegar atrasado na escola. Como você vê essa situação?

— Ah, mãe, não sei...

— Precisamos pensar juntos em algumas alternativas e chegar à solução. Você tem alguma ideia, filho?

— Você pode abrir a cortina do meu quarto quando vier me chamar, porque eu não consigo dormir com muita luz no quarto.

A linguagem da empatia

— Ok, anotado. Gostaria de dar uma sugestão que não dependa de mim, afinal você já é grande. Que tal um despertador?
— Boa ideia!

AUTONOMIA

— Mãe, me acorda senão eu chego tarde na escola.
— Filho, acordar é com você. Que tal perguntar para os seus amigos como eles fazem para chegar no horário?

Todas essas habilidades que foram apresentadas ao longo dos capítulos constituem uma espécie de código. O Código Nacional de Trânsito existe não para sermos multados quando cometemos alguma contravenção, mas para nos proteger. Sem essas normas, o índice de acidentes seria maior. Assim também o "criancês", nosso código de linguagem, evita ferimentos provocados pela fala automática, que machuca quem mais amamos: nossos filhos. O dr. Haim Ginott costumava dizer que "as pessoas não foram feitas para ser feridas". Muito menos por quem mais os ama: os pais.

★

DICAS PRÁTICAS PARA QUANDO VOCÊ NÃO SABE MAIS O QUE FAZER

Às vezes, os pais tentam de tudo e ainda assim não conseguem fazer que o filho pare de chorar ou pare de gritar. Ele se joga no chão, se recusa a ir à escola, grita no meio do supermercado, faz um escândalo somente porque ouviu "não"... A lista é interminável. Nesses momentos, passam por nossa cabeça todo tipo de pensamento: "Será que se eu der umas palmadas resolve?"; "E se eu gritar mais alto?"; "E se eu for embora e deixá-lo pra trás?" A lista de elucubrações também é infinita.

E que sentimento desagradável para os pais: afinal, um adulto que é tão competente em tantos outros desafios se mostra totalmente perdido para enfrentar o filho desafiador.

O que fazer nesse momento? Os velhos e conhecidos conselhos populares podem ajudar, e muito! Respire fundo e conte até dez; não faça nada por impulso, ou é bem provável que você se arrependerá. O simples recurso de adiar alguns segundos a sua reação pode modificar a situação.

Em seguida, relembre rapidamente de todos os recursos que você já conhece e coloque-os em prática.

Como seria na prática

Vamos supor que você esteja de saída para o trabalho e seu filho se recuse a ir para a escola. A briga começa, a irritação invade a cena e pelo jeito ambos chegarão atrasados de novo!

Você conhece os recursos de reconhecer os sentimentos e as necessidades, resolver problemas usando o *brainstorm* e tantas outras falas. O problema é que não existe tempo para tudo isso. Nesse caso, eu sugeriria o seguinte:

— Filho, estamos sem tempo! Eu não vou me atrasar de jeito nenhum! Rápido, lave o rosto! Pegue sapatos e chame o elevador! No caminho para a escola você me conta o que você precisa. Vamos lá!

Algumas crianças se surpreendem com a mudança de tom e param com a birra. Outras ficam mais irritadas ainda, e a mãe pode recorrer a outras ações:

» Perca um ou dois minutos para ouvir por que a criança não quer sair. Ela pode, por exemplo, estar tendo problemas de convivência na escola.

A linguagem da empatia

» Explique que aquele não é o melhor momento para aprofundar a questão, mas que vocês vão conversar melhor quando voltarem para casa.
» Ofereça um incentivo: "Você prefere levar um brinquedo ou um livro para lhe fazer companhia?"
» Diga que às vezes você também não tem vontade de sair para trabalhar, mas ainda assim cumpre com a sua função. E que a função dele é ir para a escola...

Acima de tudo, não perca a calma. Ao treinar as habilidades expostas neste livro, você vai, aos poucos, atingir um estado de serenidade que lhe permitirá lidar melhor com os conflitos diários. E lembre-se: às vezes – exatamente como as crianças – fazemos tempestade em copo d'água e transformamos um probleminha num problemão.

★

LEITURAS RECOMENDADAS

FABER, Adele; MAZLISH, Elaine. *Como falar para seu filho ouvir e como ouvir para seu filho falar*. São Paulo: Summus, 2003.

_____. *Irmãos sem rivalidade – O que fazer quando os filhos brigam*. São Paulo: Summus, 2009.

_____. *Pais liberados, filhos liberados*. São Paulo: Ibrasa, 1999.

GINOTT, Haim. *Entre pais & filhos*. Rio de Janeiro: Campus, 2004.

GOLEMAN, Daniel. *Inteligência emocional – A teoria revolucionária que redefine o que é ser inteligente*. 39. ed. Rio de Janeiro: Objetiva, 2007.

GOTTMAN, John M. *Inteligência emocional e a arte de educar nossos filhos – Como aplicar os conceitos revolucionários da inteligência emocional para uma compreensão da relação entre pais e filhos*. 20. ed. Rio de Janeiro: Objetiva, 1997.

LOBO, Luiz. *Escola de pais: para que seu filho cresça feliz*. Rio de Janeiro: Lacerda Editores, 1997.

MALDONADO, Maria Tereza. *Comunicação entre pais e filhos – Como falar e agir no dia a dia das relações familiares*. São Paulo: Integrare, 2008.

SAYÃO, Roseli. *Como educar meu filho? Princípios e desafios da educação de crianças*. São Paulo: Publifolha, 2003.

www.gruposummus.com.br

IMPRESSO NA
sumago gráfica editorial ltda
rua itauna, 789 vila maria
02111-031 são paulo sp
tel e fax 11 **2955 5636**
sumago@sumago.com.br